U0085309

世紀
人物 100

最後的先知

穆罕默德

李笠 著

三民書局

獻給孩子們的禮物

主編的話

世界上最幸福的孩子，是他們一出生就有機會接近故事書，想想看，那些書中的人物，不論古今中外都來到了眼前，與他們相識，不僅分享了各個人物生活中的點滴，孩子們的想像力也隨著書中的故事情節飛翔。

不論世界如何演變，科技如何發達，孩子一世幸福的起源，仍然來自於父母的影響，如果每一個孩子都能從小在父母親的懷抱中，傾聽故事，共享閱讀之樂，長大後養成了閱讀習慣，這將是一生中享用不盡的財富。

三民書局的劉振強董事長，想必也是一位深信讀書是人生最大財富的人，在讀書人口往下滑落的多元化時代，他仍然堅信讀書的重要，近年來，更不計成本，連續出版了特別為孩子們策劃的兒童文學叢書，從「文學家」、「藝術家」、「音樂家」、「影響世界的人」系列到「童話小天地」、「第一次」系列，至今已出版了近百本，這僅是由筆者主編出版的部分叢書而已，若包括其他兒童詩集及套書，三民書局已出版不下千百種的兒童讀物。

劉董事長也時常感念著，在他困苦貧窮的青少年時期，是書使他堅強向上，在社會普遍困苦，而生活簡陋的年代，也是書成了他最好的良伴，他希望在他的有生之年，分享這份資產，讓下一代可以充分使用，讓親子共讀的親情，源遠流長。

「世紀人物 100」系列早就在他的關切中構思著，希望能出版

孩子們喜歡而且一生難忘的好書。近年來筆者放下一切寫作，接下這份主編重任，並結合海內外有心兒童文學的作者共同為下一代效力，正是感動於劉董事長致力文化大業的真誠之心，更欣喜許多志同道合的朋友，能與我一起為孩子們寫書。

「世紀人物100」系列規劃出版一百位人物故事，中外各占五十人，包括了在歷史上有關文學、藝術、人文、政治與科學等各行各業有貢獻的人物故事，邀請國內外兒童文學領域專業的學者、作家同心協力編寫，費時多年，分梯次出版。在越來越多元化的世界中，每個人都有各自的才華與潛力，每個朝代也都有其可歌可泣的故事，但是在故事背後所具有的一個共同點，就是每個傳主在困苦中不屈不撓，令人難忘的經歷，這些經歷經由各作者用心博覽有關資料，再三推敲求證，再以文學之筆，寫出了有趣而感人的故事。

西諺有云：「世界因有各式各樣不同的人群，才更加多采多姿。」這套書就是以「人」的故事為主旨，不刻意美化傳主，以每一位傳主的生活經歷為主軸，深入描寫他們成長的環境、家庭教育與童年生活，深入探索是什麼因素造成了他們與眾不同？是什麼力量驅動了他們鍥而不捨的毅力？以日常生活中的小故事，來描繪出這些人物，為什麼能使夢想成真。為了引起小讀者的興趣，特別著重在各傳主的童年生活描述，希望能引起共鳴。尤其在閱讀這些作品時，能於心領神會中得到靈感。

和一般從外文翻譯出來的偉人傳記所不同的是，此套書的特色是，由熟悉兒童文學又關心教育的作者用心收集資料，用有趣的故

事，融入知識，並以文學之筆，深入淺出寫出適合小朋友與大朋友閱讀的人物傳記。在探討每位人物的內在心理因素之餘，也希望讀者從閱讀中，能激勵出個人內在的潛力和夢想。我相信每個孩子在年少時都會發呆做夢，在他們發呆和做夢的同時，書是他們最私密的好友，在閱讀中，沒有批判和譏諷，卻可隨書中的主人翁，海闊天空一起遨遊，或狂想或計畫，而成為心靈知交，不僅留下年少時，從閱讀中得到的神交良伴（一個回憶），如果能兩代共讀，讀後一起討論，綿綿相傳，留下共同回憶，何嘗不是一幅幸福的親子圖？

2006 年，我們升格成為祖字輩，有一位朋友提了滿滿兩袋的童書相送，一袋給新科父母，一袋給我們。老友是美國國家科學院院士，曾擔任過全美閱讀評估諮議委員，也是一位慈愛的好爺爺，深信閱讀對人生的重要。他很感性的說：「不要以為娃娃聽不懂故事，我的孫兒們一出生就聽我們唸故事書，長大後不僅愛讀書而且想像力豐富，尤其是文字表達能力特別強。」我完全同意，並欣然接受那兩袋最珍貴的禮物。

因為我們同樣都是愛讀書、也深得讀書之樂的人。

謹以此套「世紀人物 100」叢書送給所有愛讀書的孩子和家庭，以及我們的孫兒——石開文，他們都是世界上最幸福的孩子，因為從小有書為伴，與愛同行。

剛要寫「穆罕默德」時，其實並不知道該如何下筆去寫這位人物，該從哪個角度去認識他。

為了要寫穆罕默德，這位伊斯蘭教最後的先知，我從圖書館裡借閱大量的書籍及雜誌，有成人版，也有兒童版和青少年版；從美國媒體報導裡去認識他所帶領的伊斯蘭世界；詢問幾位來自伊斯蘭地區，且信仰伊斯蘭教的友人，希望能多方面深入去認識他。雖然現今社會對伊斯蘭教有多種看法，但我相信，穆罕默德能創立伊斯蘭教，在這世紀擁有強大的影響力，一定有他的道理。

整理資料與筆記後，我發現呈現在我面前的，不僅僅是眾所週知，伊斯蘭教的創始者，而且是一位集宗教家、社會改革家、政治家、戰略家、思想家於一身的偉大人物。

該如何下筆呢？

寫完「影響世界的人」系列中的「穆罕默德」後，我對穆罕默德的觀感，逐漸由一位偉人，反璞歸真為一位為理想奮鬥的平凡人。因此再寫「世紀人物100」系列中的穆罕默德時，我著重於他接受天啟前的時光，試圖去了解，是什麼原因讓一個孤兒立下傳教的宏願。從這個角度去解讀穆罕默德，會發現穆罕默德人性中的優點與弱點。

他堅忍、耐貧、機智、負責、不自私、有憐憫心和公義心。但他也孤獨、渴望親情、憂慮。

以現代人的眼光來看，穆罕默德的確是一個力爭上游的好青年。

伊斯蘭教，也就是我們所說的回教，啟始於 6 世紀的阿拉伯半島。

伊斯蘭教教主，穆罕默德，出生在一個沒落貴族家庭。出生前，父親就過世，一輩子沒見過父親的面，五歲時與他最親的游牧民族寄養父母分離，疼愛他的母親在他六歲時過世。對一個未滿十歲的小孩而言，一連串的「與親人分離」，無疑是極大的打擊，所幸他的祖父和伯父給了他豐沛的愛。

穆罕默德很像現代社會裡的孩子，因為家庭變故，隔代教養，由祖父撫養長大。但是，祖父太老了，等不到他成人就過世。

當一個孩子輾轉在不同的環境中生活時，自然養成他堅強、多方思考的個性。

伯父雖然接養了他，但親情總是又隔了一層。寄人籬下的生活中，可以看到穆罕默德不想添加別人麻煩、為人著想的美德。他去找牧羊的臨時工，他主動幫伯父忙，以正當的賺錢方式，減輕伯父的經濟負擔。善體人意的心意，不正是我們學習的榜樣？

等到有機會了，他也主動去爭取，懂得把握創造成功的契機。

富有的哈蒂嘉願意和比她年紀小，家裡又沒錢的穆罕默德結婚，看重的就是他在工作中，誠實、負責的美德。盡忠職守讓穆罕默德

娶到好太太，一生在精神和物質上支持他，也讓他有機會製造財富，全力支持他完成事業與理想的願景。成功的男人，背後都有一個支持他的女人。成功的女人，背後一定有願意採納真言的男人。穆罕默德與哈蒂嘉，給現代人一個維繫婚姻關係的模範。

穆罕默德所處的阿拉伯時代，重男輕女，女嬰出生沒多久就被丟到荒郊野外。富有的人，看不起貧窮的人；有權勢的人，欺負善良百姓，處處存在著許多不公義的行為和制度，遇到任何事情，全部以武力解決。因此，當穆罕默德宣揚新的宗教時，面臨的是整個傳統制度下無比的壓力和危險。

穆罕默德四十歲接受天啟，整個人生因此而改觀。

連夜逃離麥加，到了人生地疏的麥地那，必須從頭再來。此時，穆罕默德堅毅的性格又表現無遺。

穆罕默德面對困難，不畏難，忍辱，想方法去解決，凡事以群體考量為優先，將所有的精神、體力與財力奉獻給他所信仰的宗教以及需要幫助的人民，帶領穆斯林走向一個相互扶助的社會。

穆罕默德所留下的，不是龐大的遺產或功利的主張，而是豐盛的精神指引，以及為了所追求的理想，激發出的大智大勇的精神。勇於面對自己，不怕困難，找出人與人之間的共同點，溝通融合，是我們在穆罕默德這個孤兒身上學習到的課題。

寬容與愛，是宗教賦予人類最珍貴的寶藏。

當我們面對一個宗教，要嘗試去探究它最早的起源精神，才能一窺宗教真實面貌。

在讀「穆罕默德」的時候，別忘了：凡事看光明面，不去看黑暗面；從正面找支助點，從反面找激勵點。成功不僅靠別人，也靠自己。自助人助，人助天助！學習在看似走頭無路的困境中，為自己找出一條出路，一盞明燈，然後全力以赴！

一個孤兒在貧瘠的環境中成長，需要堅實的勇氣與毅力。

希望小朋友們從最原始的發展點去看歷史，學習偉人的優點。

寫書的人

李 笠

本名李淑蘭。淡江大學畢業，1987 年旅居美國至今。

曾任聖路易中華語文學校教師及副校長、聖路易華人寫作協會創會會長、《人間福報》「覺世副刊」專欄作家。曾獲臺灣文學獎、海外華文著述獎、耕莘文學獎，及海外華文優良教師獎。著有短篇小說《回溯的魚》、《後三十歲女人》及散文《老鷹之歌》等書。

對宗教、神話、童話及哲學領域極有興趣，喜歡聆賞音樂、閱讀各式各樣的書、觀察各式各樣的人，常常坐在院子裡喝茶、發呆，為的只是看鳥兒飛越天空，兔子跳躍草間。

最後的先知

穆罕默德

世紀人物
100

穆罕默德

570～632

1

麥加聖地，先知誕生

　　阿拉伯半島的麥加＊城內，古銳氏哈希姆族＊族長穆塔里布在房裡走來走去，臉上布滿憂慮的表情。

　　他已經四十多歲了，妻子們卻還沒有為他生下任何一個孩子。阿拉伯人非常重視血緣，深信部落的強弱來自血緣傳續的數

　　放大鏡

　　＊**阿拉伯半島的麥加**　阿拉伯半島位於亞洲的西南部，是世界第一大半島。東臨波斯灣，西臨紅海，南臨阿拉伯海，北邊與兩個國家相臨，右邊是伊拉克，左邊是敘利亞。伊斯蘭教最後的先知——穆罕默德，就出生在半島的麥加城 (Mecca)。麥加城在阿拉伯半島西部，大部分土地屬於沙漠地形，少部分是大平原。雨水少，少有農作物生產。當地居民大多從事放牧工作來維持生活。
　　＊**古銳氏哈希姆族**　古銳氏 (Quraysh)，屬貝都因人，阿拉伯部落之一。貝都因人是阿拉伯游牧族群中主要的一支，四千多年前就住在此半島。游牧族群時常東遷西移，放牧生活居無定所。沙漠裡風沙大，強盜多，為了相互照顧以及生活上的安全，因此貝都因人分為很多氏族。古銳氏是最大的一支，古銳氏族裡又分成許多部落，由部落中的族長統理所有事物。「哈希姆族」(Hashim)，是古銳氏屬下的一支。

目。身為一族之長的他，為此非常焦急。

為了求得子嗣，他試過各種辦法。只要人家告訴他，哪個方法有效，他連想都不想就去嘗試。試了很多方法後，他的妻子們仍然沒有傳出懷孕的消息。

有一天，有個朋友問他：「你去過卡巴天房＊祈求過了嗎？」

天房？穆塔里布喪氣的說：「當然去過了，可是並沒有效。」

朋友見他提不起精神，又勸他說：「既然各種方法都試過了，你就不妨再去試看看，或許這次會有效也說不定呢。」

穆塔里布心想，雖說已經去過了，再去一次也無妨。

放大鏡

＊卡巴天房　Ka'aba，伊斯蘭教聖殿，位於麥加。是亞伯拉罕（[Abraham]《舊約聖經》中的先知，伊斯蘭教裡稱易卜拉欣）和兒子以實瑪利（[Ishmael] 伊斯蘭教裡稱伊斯瑪儀）建立。

　　隔日一大清早，他特地齋戒沐浴，換上乾淨的衣服和鞋子，頭髮和鬍鬚也梳理得很整齊，戴著白色小帽，懷著一顆虔敬的心，禮拜萬神之神阿拉*。

　　他雙膝跪在地上，誠懇的祈求：「神啊！祢若賜給我十個兒子，我願意把第十個兒子獻給祢。終我一生信服祢！」

　　去過卡巴天房後，穆塔里布仍不放棄嘗試各種聽來的方法。

　　三個月後，穆塔里布的妻子們陸續傳來懷孕的好消息。

　　他相信這都是因為阿拉的緣故，連忙去卡巴天房感謝神，許下家族永恆事奉阿拉的誓願。

　　一個，兩個，三個……。

　　當第十個兒子阿布都拉出生

放大鏡

*阿拉　Allah，當時的阿拉伯半島是多神信仰，穆塔里布所說的阿拉是百姓們所信仰，古阿拉伯萬神中的主神阿拉，與穆罕默德所傳布的「真主阿拉」不同。

時，穆塔里布一則以喜，一則以憂。

大妻子發覺穆塔里布好幾個星期以來，吃不下飯也睡不著覺，關心的問說：「你身體不舒服嗎？還是有什麼事情煩惱著你，為什麼最近老是唉聲嘆氣呢？」

「我真是太糊塗了，當初為了要有個孩子，向阿拉祈求十個兒子，並且答應要把第十個兒子獻給阿拉，沒想到阿拉真的賜給我十個兒子。雖然應該要去實踐答應過的事，但是要把小兒子獻給阿拉，我真的很捨不得呀！」他非常的苦惱，有點後悔自己曾經許下的願望。

「自己說過的話是不可以反悔的！尤其你又是一族之長，每個人的眼光都在注視著你！可是，要將孩子獻祭給阿拉，沒有哪一個父母願意的，這該怎麼辦才好呢？」妻子感受到他的困擾，

也很擔心害怕。她想出了很多主意：逃走啦！把孩子藏起來啦！或是送給別人！假裝沒這件事啦！不管如何計畫，都不是個好方法。

為了解決問題，穆塔里布只好去請教卡巴天房裡的祭司＊，祭司是直接跟神溝通的人，或許可以想出一個兩全其美的辦法。

祭司聽過他的話後，便建議他：「駱駝價值連城，是麥加最珍貴的動物，你就以一百隻駱駝獻給神，以實踐自己曾經許下的諾言。」

穆塔里布也認為這方法不錯，既不用犧牲孩子，也實踐了當初的誓言。

在祭司占卜，獲得神的同意後，穆塔里布著手徵購駱駝。

放大鏡　　＊祭司　凡有人家遇到困難或是生病，或是丟了駱駝或羊，茫無頭緒之下，都會去找祭司幫忙，求得解決的方法。

　　穆塔里布為了購買一百隻駱駝，傷透了腦筋。由於古銳氏掌控了政治與經濟的優勢，不與其他部落共同分享利益，哈希姆族在此情況下，漸漸失去了增進財富的機會，他雖然是貴族之後，到最後也只是空有個頭銜罷了。

　　穆塔里布需要一百隻駱駝的消息傳出後，很多人得知族長是為了孩子的緣故，紛紛捐獻駱駝或是金錢，沒想到問題竟然很快的解決了。

　　可能是由於差一點失去阿布都拉的關係，他特別疼愛這個孩子。阿布都拉在父親的呵護下，漸漸長成一個挺拔的青年。

　　附近很多人家也都喜歡阿布都拉，他不僅長得高大英俊，對老人家有禮貌，對鄰人也很友善。有女兒的人家，紛紛找人去說媒。穆塔里布疼愛小兒子，對他的婚事也不多作干涉，只要他

喜歡就好。

　　阿布都拉二十三歲和阿蜜娜結婚時，穆塔里布已是七十多歲的老人了。他看到小兒子有個美滿的婚姻，心裡非常高興。婚後不久，阿蜜娜就懷孕了。

　　阿布都拉為了讓將要出生的孩子可以過好日子，決定趁孩子還沒出生，帶領駱駝商隊＊去北方的敘利亞經商賺錢。

　　穆塔里布反對阿布都拉出遠

　　＊**駱駝商隊**　阿拉伯半島只有零散分布的綠洲有農業發展，非常不容易生存。綠洲與綠洲之間相距遙遠，大約在一千多年前，住在綠洲的人為了和外面世界的人聯絡，利用駱駝耐旱和能載重物的優點，作為穿越浩瀚沙漠和乾旱土地的交通工具，進而組成商隊，出遠門去和外地的人做買賣，慢慢發展出駱駝商隊。駱駝商隊和綠洲農業，因此成為阿拉伯半島居民主要的經濟來源。商人帶回來如中國的絲或印度的香料等奢侈品，轉賣到別的城市，再從別的城市購買當地有特色的物品，再轉賣到別的城市，一個城市走過一個城市，以物易物或是以物賣錢，從中獲利。而阿拉伯半島上的商人，運貨物去埃及、敘利亞等國，或是運貨物回阿拉伯半島，不是沿著紅海海岸線，就是走崎嶇難行的山路。不論走哪一條路，麥加都是必經之地。這兩條商道，提供阿拉伯人賺錢的機會，有的受僱於人，有的自己經營。

門：「孩子都快要出生了，你就不要冒這個險，還是留在家裡吧，至於錢的事，讓我來想辦法。」

阿布都拉不願意讓父親承擔過重的經濟壓力，因此堅持他的決定。

穆塔里布再勸他：「你從來沒有帶隊的經驗，路上強盜又多，我真的很擔心……」

不論父親如何勸說，阿布都拉仍然決定依照計畫進行。

駱駝商隊沿著紅海海岸，走了好幾個月才到達敘利亞。幾個月後，商隊賣了商品，賺了錢，阿布都拉也買了些食物和物品，準備回家迎接新生兒的到來。不料，因為長途跋涉，太過勞累，加上氣候變化大，飲食不潔，他病倒了。雖然商隊同行的人很照顧阿布都拉，但才走了一半的路，他就病重不治了。

消息傳回麥加，阿蜜娜非常

傷心。她就快生了，沒想到肚子裡的孩子竟然看不到爸爸！感情頓失依靠，生活又沒著落，她實在不知道如何度過未來的日子。

穆塔里布失去疼愛的幼子，雖然心裡也很難過，但為了快要生產的媳婦，依然打起精神，並代替去世的兒子盡為人父親的責任，每天到卡巴天房去祈福。

570 年這天早晨，阿蜜娜生下了一個男孩。

穆塔里布看到剛出生的小嬰兒，長得幾乎和阿布都拉一模一樣，他高興得跑去天房感謝阿拉護佑母子平安。他替孫子取名為「穆罕默德」＊，他說：「孩子的

＊穆罕默德　Muhammad，伊斯蘭教最後的先知，祖父幫他取的名字。據說基督教的耶穌曾經向祂的門徒說，將來有一個「受讚美者」的先知，繼祂之後來到人世。「穆罕默德」阿拉伯文的意思就是「受讚美者」啊！據說阿蜜娜生產時毫無痛苦，她聽到一個聲音跟她說，誕生的嬰兒將是未來的阿拉伯之王，將統治整個阿拉伯世界。

爸爸是因為阿拉的慈悲而降生，這孩子也是在阿拉的羽翼裡平安出世。感謝阿拉，我希望這孩子永生在阿拉所創造的土地上，成為一個受稱讚的人！」

2 寄養游牧家庭，磨鍊意志

穆罕默德出生三個月後，依照慣例，也到了送去給游牧家庭寄養＊的時候。

送孩子寄養時，需付給寄養家庭一筆固定的金錢，作為撫養五年的費用。寄養的游牧家庭也等著這機會，希望能接養到富有人家的孩子，不但能收到很多金錢，也能得到好名聲。

游牧人一傳十，十傳百，知道阿蜜娜家是個貧窮的家庭，給不起豐厚的賞賜，因此都沒有人願意去敲阿蜜娜家的大門。

過了半個多月，游牧女麗

放大鏡

＊寄養　麥加的孩子們長久以來定居在城市裡，已經慢慢遺忘以前在沙漠和大草原求生存的本領。為了鍛鍊孩子適應大自然的體魄，以及氏族在艱困環境裡奮勇求生存的勇氣，並學習部落間互助的精神，因此，麥加貴族有當孩子出生後不久，交給游牧人撫養，等到五歲時才領回家來的習俗。

娜，因為身體太過瘦弱，有錢人家怕她因為健康的因素，沒有體力帶孩子，影響了孩子的成長，都不願把孩子交給她。被拒絕過很多次的麗娜，就在快要絕望時，想起了傳言中的阿蜜娜。

麗娜抱著最後的希望，心想，既然都沒有人願意給她一個機會，或許她應該再去阿蜜娜家試試。

當麗娜的丈夫哈里斯知道阿蜜娜不僅給不起一塊錢，而且穆罕默德還是個沒有爸爸的孤兒後，拉著麗娜的手，轉身就要離開。但麗娜的眼睛被阿蜜娜懷裡的穆罕默德吸引住了。

那是個乖巧的孩子，長得面貌俊秀，濃眉大眼，見到陌生人不哭不鬧。兩個大眼睛，也正亮晶晶的朝著她看呢。

麗娜伸手抱起穆罕默德，輕輕摸著他的臉頰說：「哈里斯，你

快來看，這個孩子不是個普通的孩子，他的眼神充滿了一個三個月大的嬰兒所沒有的沉穩與智慧。」

　　哈里斯在阿蜜娜一開門時，看到房子裡空空的，早就想離開了。聽到麗娜這麼說，他並不抱任何希望。沒想到當他回頭看的時候，他也不自禁的說：「真的，這孩子真的和平常的孩子不一樣，妳看，他正朝我們笑呢！」

　　他才說完這句話，身材乾癟，連自己生完孩子後，都擠不出奶水的麗娜，突然奶水腫脹。麗娜馬上抱緊穆罕默德，讓他喝奶，直到他喝飽為止。

　　哈里斯看了這情形，摸摸大鬍子說：「太神奇，這真是太神奇了！」

　　阿蜜娜看到了，非常欣慰，這下子，終於有人願意接養穆罕默德了。她說：「我們雖然窮，賞

15

賜不豐厚，但是，你們也親眼看
到了，穆罕默德是個奇特的孩
子，如果你們接養他，一定會帶
給你們好運的！」

　　哈里斯夫妻縈營居住的土地
原本非常貧瘠，但自從接養穆罕
默德後，不僅草長得又綠又茂
盛，所放牧的牲畜也吃得飽，長
得又肥又壯。擁有的惟一一隻駱
駝，原本瘦得都無法載人，現在
也因為糧草充足，變得很強壯，
可以載重物，走長遠的路了。

　　麗娜自己的孩子比穆罕默德
大半年，因為貧窮，得不到充分
的營養，身體很瘦弱，現在因為
經濟改善，比較有能力購買食
物，補充孩子的營養，孩子的健
康狀況大為改善，不再像小時候
那般瘦弱。

　　麗娜和哈里斯看到接養穆罕
默德後，所發生種種不可思議的
情形，他們感覺到穆罕默德不僅

不是個普通的孩子，他的身上還帶有神奇的力量。

麗娜對穆罕默德就如同對自己的孩子一樣疼愛，有時候比對自己的孩子還好。她的孩子也把穆罕默德當弟弟般照顧，一家人和睦相處。

哈里斯忙於飼養及販賣所畜養的牲畜，賺了不少錢。其他游牧人看到麗娜一家逐漸遠離貧窮，不免讚嘆穆罕默德是個會帶來好運的孩子，也後悔當初嫌棄穆罕默德是個沒有爸爸的孩子，家裡又不富有。早知如此，真該接養他的，真是人算不如天算！

有關穆罕默德的神奇事蹟，在游牧人間流傳著。許多好奇的人會偷偷跑去看看，這穆罕默德有何神奇之處。

小哥哥牽著穆罕默德的手，緊緊跟在麗娜身邊。穆罕默德見到陌生人，不害怕也不哭鬧，張

著明亮的雙眼，聽著那些人的談話。

他覺得好新鮮，哪裡跑出來這些人？怎麼以前都沒來過呢？他們為什麼一直盯著他看？

麗娜知道有些人因為注意到她家境的改變，特地來探個究竟。若是遇到從沒見過的生面孔，或是對穆罕默德特別注意的人，她和哈里斯也就格外小心。

這年，穆罕默德已經四歲了，懂得從旁人臉上的表情，猜出那人的情緒好壞。

有一次，哈里斯因為去市場賣牲畜時遇到騙子，賣了很差的價錢，心情很不好，回到家後，借題發揮，跟麗娜發脾氣。

麗娜本來耐著性子，一直勸他。他卻變本加厲，動手打麗娜。

穆罕默德和小哥哥在帳篷外玩，忽然聽到麗娜的呼喊聲，急

急跑進帳篷內。

麗娜趴在桌子上大哭，哈里斯則氣急敗壞的大聲怒罵。

小哥哥一看，嚇得不敢動。

穆罕默德不知道發生了什麼事，他見麗娜媽媽哭得那麼傷心，他也非常難過。他走到桌子旁，拉拉麗娜的長袖子。

麗娜看到是他，連忙擦乾眼淚，要兩個孩子去外面玩。

穆罕默德不肯，他眼睛直直的看著哈里斯，問：「哈里斯爸爸，為什麼要罵麗娜媽媽呢？」

哈里斯沒料到有這一問，一下子說不出話來。

穆罕默德不放棄，一問再問。哈里斯被逼急了，就把市場上的事，氣急敗壞的說了一遍。

四歲多的孩子，哪裡懂得什麼是真，什麼是假。對市場上的爾虞我詐，更搞不清楚。

但是，穆罕默德一聽，馬上

脫口而出:「哈里斯爸爸，不要生氣了，下次不要再和那個人講話就好了。騙人會讓人生氣，我長大以後，一定要做個誠實的人!」

哈里斯一聽，馬上警覺是自己的錯。連四歲的孩子都懂得不遷怒的道理，怎麼他這個三十多歲的人不明白呢？

穆罕默德快步走去，拉著哈里斯的手，來到麗娜身旁，再把她的手放在他的手裡。

當他聽到哈里斯用他粗嗓門的聲音說出「對不起」時，他心裡好高興呀！

3 得知失父真相，
展露智者形象

　　麗娜每年會帶穆罕默德回家兩次，讓他看看親生母親阿蜜娜。但每次都只停留兩天，以免他喜歡上住在屋子裡的舒適感覺，反而不喜歡回到沙漠去過苦日子，辜負了阿蜜娜磨鍊他的一番心意。

　　每次回到家裡，祖父穆塔里布都會去看他。

　　祖父見到他，就把他抱得好緊好緊，還用粗鬍子在他臉上磨來磨去，說他長得越來越像爸爸。

　　他覺得奇怪，阿蜜娜媽媽說他的爸爸阿布都拉是個英勇的人，可是為什麼每次都沒有看到他呢？他也沒聽過祖父或是媽媽說起爸爸？

　　他問祖父：「我的爸爸去哪裡

了ㄌㄜ？」

穆ㄇㄨˋ塔ㄊㄚˇ里ㄌㄧˇ布ㄅㄨˋ悲ㄅㄟ從ㄘㄨㄥˊ中ㄓㄨㄥ來ㄌㄞˊ，眼ㄧㄢˇ眶ㄎㄨㄤ裡ㄌㄧˇ含ㄏㄢˊ著ㄓㄜ˙淚ㄌㄟˋ水ㄕㄨㄟˇ說ㄕㄨㄛ：「你ㄋㄧˇ爸ㄅㄚˋ爸ㄅㄚ˙他ㄊㄚ去ㄑㄩˋ很ㄏㄣˇ遠ㄩㄢˇ很ㄏㄣˇ遠ㄩㄢˇ的ㄉㄜ˙地ㄉㄧˋ方ㄈㄤ做ㄗㄨㄛˋ生ㄕㄥ意ㄧˋ了ㄌㄜ˙，本ㄅㄣˇ來ㄌㄞˊ說ㄕㄨㄛ要ㄧㄠˋ趕ㄍㄢˇ回ㄏㄨㄟˊ來ㄌㄞˊ的ㄉㄜ˙，但ㄉㄢˋ是ㄕˋ，但ㄉㄢˋ是ㄕˋ……」

「做ㄗㄨㄛˋ生ㄕㄥ意ㄧˋ？我ㄨㄛˇ爸ㄅㄚˋ爸ㄅㄚ˙是ㄕˋ個ㄍㄜˋ商ㄕㄤ人ㄖㄣˊ？」穆ㄇㄨˋ罕ㄏㄢˇ默ㄇㄛˋ德ㄉㄜˊ眼ㄧㄢˇ睛ㄐㄧㄥ一ㄧ亮ㄌㄧㄤˋ，想ㄒㄧㄤˇ到ㄉㄠˋ了ㄌㄜ˙哈ㄏㄚ里ㄌㄧˇ斯ㄙ爸ㄅㄚˋ爸ㄅㄚ˙被ㄅㄟˋ騙ㄆㄧㄢˋ的ㄉㄜ˙那ㄋㄚˋ件ㄐㄧㄢˋ事ㄕˋ。阿ㄚ布ㄅㄨˋ都ㄉㄨ拉ㄌㄚ爸ㄅㄚˋ爸ㄅㄚ˙會ㄏㄨㄟˋ是ㄕˋ怎ㄗㄣˇ樣ㄧㄤˋ的ㄉㄜ˙商ㄕㄤ人ㄖㄣˊ？

他ㄊㄚ張ㄓㄤ大ㄉㄚˋ眼ㄧㄢˇ睛ㄐㄧㄥ再ㄗㄞˋ問ㄨㄣˋ：「我ㄨㄛˇ爸ㄅㄚˋ爸ㄅㄚ˙是ㄕˋ怎ㄗㄣˇ樣ㄧㄤˋ的ㄉㄜ˙一ㄧ個ㄍㄜˋ人ㄖㄣˊ？長ㄓㄤˇ得ㄉㄜ˙像ㄒㄧㄤˋ您ㄋㄧㄣˊ嗎ㄇㄚ？」

穆ㄇㄨˋ塔ㄊㄚˇ里ㄌㄧˇ布ㄅㄨˋ嘆ㄊㄢˋ口ㄎㄡˇ氣ㄑㄧˋ，一ㄧ把ㄅㄚˇ摟ㄌㄡˇ著ㄓㄜ˙孫ㄙㄨㄣ子ㄗˇ說ㄕㄨㄛ：「你ㄋㄧˇ爸ㄅㄚˋ爸ㄅㄚ˙啊ㄚ，為ㄨㄟˋ了ㄌㄜ˙要ㄧㄠˋ多ㄉㄨㄛ賺ㄓㄨㄢˋ點ㄉㄧㄢˇ錢ㄑㄧㄢˊ，他ㄊㄚ一ㄧ直ㄓˊ惦ㄉㄧㄢˋ記ㄐㄧˋ著ㄓㄜ˙要ㄧㄠˋ趕ㄍㄢˇ在ㄗㄞˋ你ㄋㄧˇ出ㄔㄨ生ㄕㄥ前ㄑㄧㄢˊ回ㄏㄨㄟˊ來ㄌㄞˊ，沒ㄇㄟˊ想ㄒㄧㄤˇ到ㄉㄠˋ在ㄗㄞˋ外ㄨㄞˋ地ㄉㄧˋ生ㄕㄥ了ㄌㄜ˙重ㄓㄨㄥˋ病ㄅㄧㄥˋ……」

穆ㄇㄨˋ塔ㄊㄚˇ里ㄌㄧˇ布ㄅㄨˋ越ㄩㄝˋ說ㄕㄨㄛ越ㄩㄝˋ傷ㄕㄤ心ㄒㄧㄣ，一ㄧ想ㄒㄧㄤˇ到ㄉㄠˋ阿ㄚ布ㄅㄨˋ都ㄉㄨ拉ㄌㄚ病ㄅㄧㄥˋ死ㄙˇ異ㄧˋ鄉ㄒㄧㄤ，眼ㄧㄢˇ淚ㄌㄟˋ像ㄒㄧㄤˋ一ㄧ顆ㄎㄜ顆ㄎㄜ滾ㄍㄨㄣˇ動ㄉㄨㄥˋ的ㄉㄜ˙彈ㄊㄢˊ珠ㄓㄨ掉ㄉㄧㄠˋ了ㄌㄜ˙下ㄒㄧㄚˋ來ㄌㄞˊ。一ㄧ旁ㄆㄤˊ的ㄉㄜ˙阿ㄚ蜜ㄇㄧˋ娜ㄋㄚˋ聽ㄊㄧㄥ了ㄌㄜ˙，也ㄧㄝˇ傷ㄕㄤ心ㄒㄧㄣ得ㄉㄜ˙哭ㄎㄨ了ㄌㄜ˙。

穆ㄇㄨˋ塔ㄊㄚˇ里ㄌㄧˇ布ㄅㄨˋ聽ㄊㄧㄥ到ㄉㄠˋ阿ㄚ蜜ㄇㄧˋ娜ㄋㄚˋ的ㄉㄜ˙哭ㄎㄨ聲ㄕㄥ，怕ㄆㄚˋ悲ㄅㄟ傷ㄕㄤ的ㄉㄜ˙情ㄑㄧㄥˊ緒ㄒㄩˋ，影ㄧㄥˇ響ㄒㄧㄤˇ到ㄉㄠˋ穆ㄇㄨˋ罕ㄏㄢˇ

默德幼小的心靈。他擤擤鼻子，揉揉眼睛，故意笑說：「你爸爸就像你說的，跟我長得像極了。英俊，高大，所謂有其父必有其子，看到我，就知道你爸爸有多好！」

自從和祖父談過爸爸的事情後，穆罕默德像是突然之間領悟到，人世間有許多事情不是自己能掌握的。

他想起麗娜媽媽和小哥哥，以及在沙漠裡的游牧鄰居們。雖然他們的生活並不富裕，但是，起碼他們都有一個健全的家，有爸爸、有媽媽，而他卻是個連自己親生爸爸都沒見過的孩子。

這一個發現，讓穆罕默德的個性更加沉默。麗娜也很訝異，回到沙漠後的穆罕默德，這一次顯得特別不同。他遇到事情，不再好奇的打破砂鍋問到底，他靜靜的在一旁觀察，也不再問她任

何事情。她發現，穆罕默德的性格，正在起一種難以捉摸的變化。

當下一年再回到阿蜜娜家時，麗娜把穆罕默德過去一年的生活情形告訴阿蜜娜。

阿蜜娜聽後，若有所思。

當晚，阿蜜娜做了一個惡夢，她夢到有兩個穿白衣服的人，抓住穆罕默德，撕裂他的衣服，把一桶一桶的水，從他頭上灌下去。其中一人還吻了他的額頭，跟他嘟嘟囔囔說了好多話。她試圖看清楚那兩個人的模樣，但兩人的頭也被白布罩住。＊

阿蜜娜嚇出一身冷汗，從夢中驚醒。這個夢太逼真了，讓她分不清究竟是真是假。她把這個夢，歸因於穆罕默德離開太久，

放大鏡 ＊這個夢境，被稱為「入門儀式」，表示穆罕默德裡裡外外是個乾淨的人，不同於世俗人，是被真主阿拉選中的人。

她太想他了。她一直把這個夢放在心裡，沒有跟任何人說。

這一次，穆罕默德也是停留兩天。這次停留中，穆罕默德展現了他早慧的智者形象。

在麥加，駱駝數目的多寡代表一個人的財富。

一天，祖父和伯父塔里布去探望穆罕默德母子。二人也帶了很多食物去，希望可以補充穆罕默德的營養。午後時間，穆罕默德在房裡，聽到伯父塔里布向祖父抱怨的聲音，他悄悄躲在門後。

原來，麥加城內有錢的古銳氏，為了要鞏固經濟上的優勢，限制駱駝商隊的駱駝數目。自從古銳氏發現塔里布的駱駝商隊有越來越壯大的傾向後，便多次派人去他家，警告他不要再擴充商隊。

古銳氏軟硬兼施，但塔里布

不為所動，以致古銳氏臨走前不懷好意的撂下狠話，警告塔里布要仔細考慮後果。

穆罕默德看到伯父和祖父的臉色都很不好。當伯父說到對方要對他們家族不利時，爆出憤怒的口氣：「我們就跟他們鬥到底好了，哈希姆家族要爭這一口氣，不然永遠都被古銳氏踩在腳底！」

穆罕默德心一沉，從門後走出來說：「伯父，他們既然這麼兇，我們還是小心一點比較好。」他想到在沙漠裡，每次遇到大風沙或是到了一個陌生的地方時，麗娜媽媽都教他要忍耐，凡事不要太心急，先忍一口氣。

塔里布眼睛一亮！小小年紀居然這麼沉得住氣，真是不簡單。

他讚賞的說：「看，我們的穆罕默德長大了！像個男子漢了！」伯父誇讚他，將來一定可以做一

番大事業，為哈希姆族爭光。

　　穆塔里布臉上的憂慮表情不見了，笑咪咪的看著穆罕默德。他早已聽過媳婦阿蜜娜轉述接養人形容穆罕默德過去這些年生活的情形，心裡很高興阿布都拉有個爭氣的兒子。

　　剎那間，他看到穆罕默德閃爍著困惑的眼神。

　　他問穆罕默德：「你是不是有話要問？」

　　穆罕默德原本就是個很會察言觀色的孩子，眼前的事讓他產生很多困惑，為什麼大人那麼怕古銳氏？古銳氏又為什麼要對別人那麼兇暴？伯父是正當做生意，為什麼不可以有很多的駱駝？

　　他說出心裡的疑問：「古銳氏很可怕嗎？不然你們怎麼那麼怕他們？」

　　塔里布愣了一下，一方面不

知道穆罕默德究竟聽到了多少，另一方面心裡卻暗自高興，穆罕默德的觀察力很敏銳，是個很聰明的孩子。他不願小孩子受到大人之間恩怨的影響，故意略去古銳氏想獨霸麥加城的經濟優勢和對其他氏族的恐嚇，只說生意人為了多賺點錢，不希望別人搶生意，所以才來和他們談判。

　　穆塔里布回想到當年勸阿布都拉不要出遠門，但怎麼勸都勸不聽，依照穆罕默德的個性，如果他也像他的父親一樣勸不聽，誰知道他以後會做出什麼事呢？

　　阿蜜娜也警覺到穆罕默德問的問題太敏感，她惟恐穆罕默德繼續追問，拉著穆罕默德的手，要帶他進房去。

　　穆罕默德的好奇心，被祖父臉上多樣的表情引起來了。

　　他掙脫媽媽的手，走到塔里布身邊，要他快快回答:「伯父！

伯父！你告訴我好嗎？」

塔里布摸摸穆罕默德的頭，這孩子太聰明，真是惹人疼愛。他很想讓穆罕默德了解家族的歷史，可惜穆罕默德現在年紀太小，還無法體會哈希姆族目前所處的環境情勢。

他望向穆塔里布，尋求他的意見。

兩人的目光碰在一起，穆塔里布跟塔里布揚揚手，示意他沒關係。這孩子終究是會知道家族的歷史，他既然已提出疑問，就滿足他的好奇心，或許也不是件壞事。

塔里布說：「穆罕默德，你知不知道，我們哈希姆族本來並不是住在麥加的？」

穆罕默德抬頭疑惑的看著塔里布，心想：如果不是住在麥加，那是住在哪裡呢？難道是和麗娜媽媽家一樣住在沙漠，所以

才會在他年紀很小很小的時候，把他送出去？雖然穆罕默德具有比同年齡孩子早熟的個性，但畢竟還是個孩子，在他的小腦袋裡冒出很多奇奇怪怪的問題。

他轉向祖父一直一直問：「真的嗎？是真的嗎？」彷彿只有祖父，這個家裡年紀最長的人，才能證實伯父的話是真的。

穆罕默德的眼睛瞇成一條線，嘴巴抿得緊緊的，偏著小腦袋，看起來像個正在思索問題的大學者：「所以古銳氏族才欺負伯父？就只因為我們不是本來就住在麥加的？」

穆塔里布臉上布滿慈祥的笑容說：「先告訴我，你為什麼會有這種想法？」

穆罕默德有點氣祖父不直接告訴他答案，卻反問他問題。他不依，乾脆在祖父面前的椅子上坐下，兩腳盤在一起，雙手搭在

胸前，一副一定要得到答案的模樣。

穆塔里布一看，小孫子很當一回事，他摸摸自己白白的長鬍子，像在回憶往事。他低沉的說：「自古以來，麥加就是商業中心，南來北往的人都要在麥加停留。古銳氏幾代以來，利用出租駱駝給商旅隊做生意，奠定經濟優勢，他們又掌控了沙漠生活最需要的綠洲水源，有了這兩樣，古銳氏越來越富有。靠著經濟上的優勢，在政治上也取得了舉足輕重的地位。

「大約在三百多年前，四處遷移的哈希姆游牧部落，第一次來到麥加。看到人來人往的市集裡，商人忙著交易從各地帶來的貨物；居民住在固定的房子裡，不用住在帳篷裡，他們不愁吃穿，不用愁苦明天住在哪裡。繁榮的景象，令哈希姆人非常驚

訝。與他們的游牧生活相比，這裡簡直是另一個世界。

「游牧生活很辛苦，常為了尋找水草，來來去去。過了今天，不知道明天身在何處。他們還必須適應大自然天候的變化，必須克服糧食、飲水不足的問題，即使非常努力經營，多半僅能滿足一家大小溫飽。若是生病了，根本沒有錢，也沒有辦法馬上去看醫生，部落裡許多生了重病的大人、小孩，很多都因延誤就醫而相繼去世。

「族裡的一個年輕人賈薩，見到麥加的景象，便勸導族人，不要再回去過游牧生活的苦日子，留在麥加，展開新生活。族人雖然很喜歡麥加，但是非常擔心，游牧人不能適應都市的生活方式，也不知道如何在麥加謀生。

「賈薩見大家猶豫，舉出許

多留在麥加的好處。他說：『大家想想看，你要住在可以遮風避雨的房子裡，還是要住在隨時會被大風沙吹掉的帳篷裡？你要像麥加人自由自在的生活，還是要在荒漠裡頂著熱毒的太陽？爸爸們，你們要孩子一輩子過著不知道明天在哪裡的恐懼生活嗎？媽媽們，你們要忍受生病的孩子一個個死去的痛苦嗎？』賈薩的話深深打動了族人的心。

「有些人表達希望住下來的意願。有些人仍然要回去過熟悉的生活。有些人在觀望。

「在一個夜晚，族人聚集在一起，仔細討論賈薩的提議。大家雖然不是很有把握能在麥加闖出一片天下，但都願意試試看，如果不成功，再回頭過游牧生活也不遲。部落裡的十位長老在聽過每個人的意見後，做出哈希姆族就此定居在麥加的決定。」

「後來呢？」穆罕默德眼中現出一股奇異的光芒，顯然他被這個故事打動了。

穆塔里布笑說:「後來這個賈薩去向古銳氏的商人學做生意，學他們的技巧和方法，回到部落後，再教給其他的年輕人。為了能過更好的日子，大家都很認真的學習，還常常聚在一起交換心得。從此以後，哈希姆族的生意越做越好，族人也就越來越富足，生活也過得越來越好了。」

穆罕默德點點頭，他雖然不懂所謂生活過得越來越好是什麼意思，但明白游牧人的困苦生活。

他想起和麗娜媽媽一家人，為了生存，忍受風吹日曬，四處遷移，居無定所。才剛剛熟悉了一個環境，沒多久又要遷走，再去適應另一個新環境。單單每天突如其來的大風暴就夠嚇人的

了，更遑論新環境給他們的種種考驗。

穆罕默德跳下椅子，跑到房子外，拿起一塊石頭在地上畫著兩個大人和小孩，有一堆人圍著他們，還有一隻隻駱駝、一堆錢幣和一把秤。

當年離家，每年才回家看祖父和媽媽兩次。寄養媽媽麗娜家的世界就是他的世界。他的世界不斷在轉換，他們走走停停，他的世界也走走停停。看到不一樣的人和不一樣的事物，就算很喜歡的東西，也從沒想過可以擁有。

就算回到自己真正的家，他也經過一段時間才把自己當作是家庭裡的一分子。

他有游牧人四處為家不怕艱難的天性，也有麥加人做買賣養成的個性。沙漠有沙漠居住的危險，城市有城市生活的困難。他

小小的心靈有種奇妙的變化，他屬於沙漠，也屬於麥加。

　　穆塔里布站在穆罕默德身後，耐心的看著他畫了一隻又一隻的駱駝。當年為了鍛鍊穆罕默德的體魄和堅強他的心志，才把穆罕默德送去游牧寄養家庭。他以為穆罕默德就像普通的孩子一樣，沒想到這趟回家，讓他看到了穆罕默德異於平常人的一面。他不禁想起為了求子而向阿拉許的願，阿拉不僅滿足了他的願望，也為哈希姆家族留下了一個優秀的後代。他的生命因為穆罕默德，彷彿又找到了新的活力。

4 六歲失母，
初臨政治會議

　　自從穆罕默德回到麗娜家後，穆塔里布非常想念他。

　　他算算，穆罕默德再過幾個月就滿五歲，可以接他回來了，他越想越高興。

　　這一夜，穆塔里布夢到穆罕默德的背上長了一棵大樹。大樹長了很多分枝，和很茂密的葉子。這棵樹像是有神奇的力量，穿破雲層，一直往天上衝。突然，從樹的最高頂，出現大片光芒，照亮了樹的四周和大地。同時，他也看到很多很多人從四面八方走來，聚集在樹下。

　　穆塔里布起床後，覺得這個夢真是不可思議，其中好像有某種含意。究竟是什麼？他也說不上來。

　　隔天，他去找阿蜜娜商量，

無論如何要接穆罕默德回家。

　　阿蜜娜聽完心裡也覺得怪怪的。她同意接穆罕默德回家。

　　穆罕默德要回家了，麗娜非常捨不得。她從沒接養過像穆罕默德這麼乖巧懂事的孩子。她要求阿蜜娜，讓穆罕默德再多留幾年。

　　之前的那個惡夢，讓阿蜜娜非常的不安，覺得那是將失去穆罕默德的惡兆，堅持穆罕默德一定要回家。

　　五年來，麗娜已存有足夠的金錢，可以不用再過游牧的生活。不論這一切是不是因為穆罕默德的緣故，她都很感謝穆罕默德來到她的生命中。

　　穆罕默德左手牽著麗娜，右手牽著阿蜜娜，他抬頭望向兩人說：「你們都是我的好媽媽！」

　　麗娜依依不捨的離開了穆罕默德，她答應下次若經過麥加

時，會去看他。

穆罕默德六歲時，阿蜜娜病倒了。

住在附近的祖父和伯父得到消息，前來探望她。

阿蜜娜說，醫生已經告訴她將不久於人世。

穆塔里布聽了，心裡有說不出的難過，穆罕默德還這麼小，他承受得起失去媽媽的打擊嗎？這孩子，為什麼這樣命苦呢？

「爸爸……」阿蜜娜眼淚流個不停，望向坐在一旁的穆塔里布。

穆塔里布握著穆罕默德的手，神色哀淒的說：「阿蜜娜，我會好好照顧穆罕默德，妳放心。」

穆罕默德不停的撫摸阿蜜娜的手，說：「媽媽，妳放心，我會學習自己照顧自己，我會聽祖父的話。妳不要擔心！」穆罕默德靜靜的站在阿蜜娜身旁，淚水在眼

眶裡打轉。他多想叫媽媽不要走，又怕媽媽太傷心。他只好忍著悲傷，一直要媽媽放心。

阿蜜娜臨終前告訴穆罕默德，他的爸爸是心地非常善良的人，雖然家境不富裕，但他濟弱扶貧，遇到有求於他的人，只要他做得到，他一定會滿足別人的需求。

「你和你爸爸不僅長得像，連性情也很像！你千萬要記住，長大以後，作人處世，都要以你爸爸為模範！寧願自己受苦，也不要讓別人受罪。」

阿蜜娜拉著穆罕默德的小手，心中還有千言萬語要告訴他，卻不知道該從何說起。要交代的話太多，她卻沒有力氣，也沒有時間了。

阿蜜娜眼中含著淚水，嘴角帶著笑意而逝了。

出生時沒有爸爸，母親又去

世了，現在，穆罕默德成了無父無母的孤兒。

祖父接續負起撫養穆罕默德的責任。祖孫倆形影相隨，麥加各處都看得到他們的身影。

除了對孫子的疼愛，穆塔里布還將他對幼子阿布都拉的愛，全部加在穆罕默德的身上。失去媽媽的穆罕默德，有了祖父全心全意的照護，減輕了失去媽媽的傷痛。

伯父塔里布常來探視他們。

有一天，穆罕默德聽到伯父和祖父說起近日發生的一件事，引起了他的興趣。

「你說，塔里布，這事好解決嗎？」穆塔里布眉頭深鎖。

「漢牧札那個商人犯錯在先，收到貨品，卻不付錢，那以後誰敢在麥加做生意？那個葉門商人也很聰明，一狀告到古銳氏那裡，要他們幫他討回公道。」聽

塔里布的口氣，似乎是非黑白已經定案。

「古銳氏長老有什麼打算嗎？」

「嗯，」塔里布頓了口氣說：「古銳氏長老們已經開會，事情既然發生在麥加，他們決定替申訴的葉門商人維持正義，聽說會邀集麥加城內所有的部落共同開會。我們過不久後，應該也會收到開會通知。」

穆塔里布一聽，陷入深思，不久，他說：「我們是應該參加，這跟我們哈希姆族也有密切關係，我們也不希望做生意被騙，不是嗎？」

穆塔里布停頓了一下，繼續說：「這事情也不是像表面上那樣簡單，塔里布，你仔細想想看，古銳氏凡事要權要利，不講公義，他們這次為什麼要這麼積極的去幫一個葉門的小商人呢？」

塔里布聞言，似乎也領略到箇中奧妙：「他們是想坐大？」

穆塔里布神情嚴肅的說：「沒錯，古銳氏打算假借伸張正義的名義，召集所有部落，利用這次機會，統合所有部落，高坐首領之位。到那時候，就再也沒有人敢挑戰古銳氏獨霸的惡行，他們更可以為所欲為了。我想，這應該是他們最大的用意。」

塔里布點頭附和：「我也是這麼想。不過，如果不去的話，更會引起古銳氏與其他部落的猜忌。看來，我們是別無選擇，非去不可了。」

穆塔里布語意深長的說：「麥加所有氏族就屬古銳氏勢力最龐大，大家都聽他們的，沒有人敢反對！古銳氏很有野心，這次是有備而來。」

穆罕默德聽了，直覺祖父和伯父說的，是件很重要的事，便

要求說：「祖父，我可以跟你們去見識見識古銳氏嗎？」

塔里布連忙說：「這不是件好玩的事，小孩子不可以去！」

他話還沒說完，穆塔里布就舉起手，阻止他繼續說：「就讓他去看看吧！你就把他當作是你弟弟阿布都拉好了！」

既然連父親穆塔里布都贊成穆罕默德去，塔里布也就不表示任何意見。

穆塔里布其實是看出了穆罕默德將會是個有作為的人，讓他去見見世面，對他未嘗不是個磨練的機會。

果如穆塔里布所料。那次會議中，古銳氏掌控會議，動員麥加城內所有部落，簽署了一份「不論在任何情況之下，若有爭議，將永遠支持受欺凌壓迫的一方」的協定。會後所有的人前往卡巴天房宣誓，違反此誓約者，

將受到所有人的制裁。

　　祖父牽著穆罕默德的手，伯父也緊緊的站在他身旁。

　　全場五十多人，圍繞著天房排排站立，舉手起誓，然後依照習俗，繞著聖石快跑。

　　目睹宣誓儀式的穆罕默德，被現場的氣氛所震撼！部落聯盟，統合所有的力量對付敵人，並把所有的支援，用來幫助受害人。這樣富有俠義精神的誓言，在接連失去父母的穆罕默德心中，留下了深刻的印象，也種下影響他成長後，濟弱扶貧的理想的種子。

　　回家途中，穆塔里布問穆罕默德對此行的看法。

　　穆罕默德說：「如果每個人都幫助弱者，這世界就不會有壞人了。祖父，您說對不對？」

　　穆塔里布明白他被當時的氣氛所感動，很欣慰的讚賞他：「你

是個善良的孩子，但是，你要記住，公義是最重要的。」

他小小的心靈可能還不能清楚的看到祖父和伯父眼中所看到的一切，古銳氏此舉，其實是在警告所有的部落，現在，古銳氏已全面掌控麥加城內的政治和商業了，以後大家最好小心一點！

會議後不到一年，疼愛穆罕默德的祖父也因病去世了。

他趴在祖父的棺木旁大哭。他從出生後就沒見過爸爸，和媽媽真正生活在一起的時間也只有一年多。和他最親近的祖父現在也走了。從此以後，他要依靠誰呢？

穆塔里布還在世的時候，曾經囑咐塔里布，如果有一天，他過世了，希望塔里布負起養育穆罕默德的責任。

塔里布原本打算等喪事辦完後，再說此事，眼見穆罕默德哭

得如此傷心，他就提前向諸親友宣布會盡力撫養穆罕默德，這也安撫了穆罕默德的心。

塔里布的子女眾多，本身的經濟狀況也不是很富裕，但他對這個無父無母的侄兒仍疼愛有加，自己子女有的，穆罕默德也一定有份，甚至照顧穆罕默德比對自己的子女還好。

5 遠行敘利亞，
見識新世界

　　這世界上的親人越來越少，穆罕默德深受親人相繼去世的打擊，使得他比同年齡的孩子早熟，原本就不苟言笑的他，更加沉默了。

　　塔里布為了增加收入，到處批貨、買駱駝，僱用工人，四處經商。但古銳氏又刻意壟斷市場，這行業並不如想像中那麼容易賺錢。

　　穆罕默德心思細密，他不願意因為自己而加重伯父的負擔。為了報答伯父收養之恩，及減輕伯父的生活壓力，他瞞著伯父，四處去應徵牧羊的工作。只要哪裡有缺人，他就去做工。工作雖然辛苦，只要能貼補家用，他就安心一些。何況，他也喜歡牧羊，跟著羊群在大自然裡奔跑，

54

對他來說，就像回到了在沙漠裡的童年時光。

穆罕默德工作負責不偷懶。有一次，一群朋友一起牧羊，突然聽到一陣音樂和人潮聲，正好奇是怎麼回事，同伴大聲叫說：「穆罕默德，你看，有人在辦婚事耶，好熱鬧喲！我們去看看好不好？」

「我們人走了，這些羊群怎麼辦？」穆罕默德的口氣聽不出他到底想不想去。

「我們去看一下下就回來了，羊群不會跑遠的！」同伴說完，拔腿就要跑。跑了沒多久，發現穆罕默德沒有跟來。同伴又興奮又緊張的回頭對穆罕默德大喊：「快來啊！再晚就看不到了。」

「你們去好了，我在這裡看著羊。」穆罕默德不為所動，拿著樹枝在羊群間走動。

「去一下又沒有人會知道，

你怕什麼？」同伴不以為然，還要勸說。

穆罕默德絲毫不受影響，揮揮手，要同伴快去快回。

同伴也不理他，一群人跑遠了。當他們回來時，穆罕默德像是什麼事都沒發生過，不問他們新郎新娘是誰，也不問他們看到聽到什麼好玩的事，依舊在趕他的羊。

老實的穆罕默德忠於職守的名聲漸漸傳開來，請他牧羊的人也越來越多，與他一起共事的人，看到他的忠誠，也學習他的優點。

塔里布知道穆罕默德勤於找臨時的工作，起初並不贊成。禁不住穆罕默德的請求後，他才勉強答應。剛開始時，他常常跟在遠遠的後方，觀察穆罕默德牧羊的情形。確定工作安全，穆罕默德也盡忠職守後，才放心的不再

跟在後面觀察。

　　塔里布不願姪兒穆罕默德把牧羊當作永遠的職業，經過一段時間後，找機會問穆罕默德：「牧羊工作好玩嗎？」

　　穆罕默德點點頭，說起牧羊的種種好處以及和朋友相處時的情形。

　　塔里布見他並沒有不情願的表情，讚嘆這孩子實在很懂事。

　　為了彌補穆罕默德沒有父母的缺憾，塔里布有空時就會帶著他四處散步。商旅隊工作如果忙不過來，也會讓穆罕默德幫忙裝貨卸貨，並且付他工資。

　　做生意和牧羊是兩種完全不同的行業，漸漸的，穆罕默德已熟稔駱駝商旅的工作內容和準備流程，他內心慢慢升起對這種行業的嚮往。

　　有一天，伯父要帶領商隊到更遠的北方敘利亞時，十二歲的

穆罕默德要求跟著去。

　　塔里布擔心，連大人都無法忍受長途的行程，何況穆罕默德還只是個小孩子，他實在不想讓他去。

　　穆罕默德不接受伯父的勸說，他說:「十二歲雖然不算是大人，但也不小了。伯父，我從小就在沙漠長大，可以忍受艱困的生活。我牧過羊，從來沒出過差錯。我也在你的商旅隊裡學到很多事情，如果你讓我去，我可以看管貨物，也可以跑腿幫忙做事，反正，叫我做什麼都行。」

　　塔里布一聽，覺得這孩子太懂事了，心裡很捨不得，他說：「穆罕默德，出門在外，事事不方便，你學得再多，也抵不過在沙漠中運貨買賣的辛苦。你到底還是個孩子，一路上什麼事都可能發生。你沒有經歷過沒水喝的時候，那簡直要命！還有三餐不

定時，有時候根本就靠一張薄餅支撐一天的體力。更不用說突如其來的沙塵暴，還有不知道從哪裡冒出來的土匪強盜……，這是一段長途旅程，不如你想像中的簡單，你還是不要去的好。」為了打消穆罕默德的念頭，塔里布故意把商隊可能面臨的意外狀況說得很嚴重。

穆罕默德不管塔里布怎麼說，意志極為堅定:「我不怕累不怕吃苦！我會照顧自己，絕對不會拖累大家，伯父，你就答應我，好嗎?」

塔里布凝著眉不說話，這孩子的脾氣怎麼跟他爸爸阿布都拉一樣拗呢！

穆罕默德望著塔里布，深怕不能一起去。他的眼睛裡閃著淚光說:「伯父，你知道，那是我爸爸生前走過的最後一條商道。就算讓我去看看爸爸走過的路，好

不好？」

　　塔里布一聽，眼眶也紅了。原來穆罕默德沉默的外表下，有一顆柔軟的心。他攬著穆罕默德的雙肩，稱讚他是個好孩子。既然穆罕默德很想去，那就讓他去走走看看，或許可以排解他心裡的苦悶。

　　到敘利亞經商，不僅路途遙遠，沿途也有趁火打劫或是強索過路費的土匪。尤其這一趟又有穆罕默德同行，一路上，塔里布非常注意安全。平常一天的行程，他放慢腳步要兩天才走完，他也特別叮嚀同行者，要注意穆罕默德，不要讓他脫隊。

　　去敘利亞的路上，綿延無盡的沙漠，很久很久才經過一個綠洲，緊接著又是一片荒漠。廣闊無垠的沙漠，白天熱得像要脫掉一層皮，夜晚時卻涼得像浸在冰水裡。

離開麗娜媽媽家後，這是穆罕默德第一次踏上沙漠的路，他非常興奮。

心思敏銳的穆罕默德特別珍惜這趟走走停停的遠路。心想：沙漠的底端住著什麼人？他們跟我們吃得一樣、穿得一樣嗎？他們長得跟我們一樣嗎？聽人家說，沙漠的另一端有取不盡的水源和滿山的綠色大樹，是真的嗎？白天和黑夜天氣驟變，景色也不同，大自然的變化真是太神奇了，而大自然的變化莫測，更凸顯人類的渺小。自己處在未知的大自然裡，就像一個小圈圈跟著大圈圈在旋轉，呼吸的空氣從渺不可知的大自然界中獲得，日光和月光也從大自然來，究竟是誰在運轉這個世界？又是什麼力量在主宰大自然呢？

穆罕默德隨著外在的轉變而不時在思考，在觀察，他發現，

有許多事是超乎他所能想像與理解的。

難得出遠門，每到一個新的地方，他便專心的去比較當地人和麥加人的相同點與相異點，仔細看大人如何交換貨品做買賣。

一行人在巴拉斯這個小城休息時，修道士巴希拉正好在城裡看到這個商隊。

一個月來，他發現不論白天黑夜，天上總會有一圈特別明亮的光圈。他知道，這是先知將出現的預兆。因此，他特別注意從外地來的人。

他先請這商隊到他的修道院共用晚餐，但他很失望，他並沒有看到特別的對象。難道他看錯了嗎？他仔細觀看這一行人，嘗試找出預兆中的人。

用餐到一半時，塔里布東張西望，咦，怎麼沒看到他的侄子呢？他問其他人：「穆罕默德呢？

怎麼沒看到他一起來吃飯?」

「他在門外守著貨物,說等我們吃完,再換他吃。」有人回答說。

「時間也差不多了,你們去叫他進來吃飯了。」

去的人回來說:「穆罕默德說,看守貨物是他的工作,不能擅離職守,他要我們先吃,不用理他。」

塔里布很心疼,這孩子一路走來,逢到吃飯,總是最後一個吃飯。要休息了,他也是最後一個休息。這孩子!他嘆了一口氣,拍拍衣服,起身到外面去。

巴希拉聽到還有一個人,他也隨即起身跟在塔里布身後。

穆罕默德和一群同行的奴隸坐在門外的地上,他的兩個眼睛在貨物之間來回巡視。

「這位是?」巴希拉問塔里布。

「我的侄子穆罕默德。」塔里布說。

巴希拉很多年前就聽過麥加有個新生的孩子叫做穆罕默德，也聽說他在游牧人家裡的一些異事。巴希拉仔細端詳穆罕默德，發現他是個樸實不造作的孩子，在他炯炯有神的眼睛裡，巴希拉看到了一股剛毅的目光。

巴希拉拐彎抹角，問了穆罕默德一些此行的事。穆罕默德據實回答。

巴希拉為了試探他，故意板起臉說：「有德行的人是不說謊的，尤其是看顧全隊貨物的人。你以農業女神的名字起誓，你說的是實話。」

穆罕默德的眉頭皺在一起，回巴希拉說：「我說的就是實話，我不以任何神明之名起誓！」

巴希拉很滿意穆罕默德的回答，預兆中的人就是眼前這個

人！他心中歡喜，細聲跟塔里布說：「你的侄兒是個不凡的人，你要小心照顧，不要讓別人傷害他。」

　　塔里布認為巴希拉是一個善良的修道人，只是單純的想勸告他，不要把小孩子與奴隸放在一起，並未深入探究他的話。

　　行經烏卡茲城時，正好遇到每年例行的大集會。來自各地的人在露天搭的帳篷裡賣東西，除了有商人在推銷貨品，詩人們也以抑揚頓挫的音調，歌頌他們的宗教，還有傳教士們熱情的傳教，場面非常熱鬧。

　　穆罕默德注意到有一個帳篷前特別擁擠，他好奇的走去，原來是個猶太教徒在臺上傳布他們的教義。猶太人批評阿拉伯人的多神信仰，認為只有猶太教才是正統的宗教。臺上的人講得口若懸河，臺下的人聽得津津有味。

有的人聽到精采處，還用力鼓掌叫好。

　　穆罕默德看見群眾裡，每個人的臉上都充滿了虔誠恭敬的神情，他深深感受到宗教的強大力量把每個人的心都融合在一起，那是在祖父和伯父那一輩人，以及麥加城裡所看不到的。

　　因為貧富差異太大，生活的困苦，使得心靈比較脆弱的貧窮人，很容易崇拜偶像。因此，除了崇拜阿拉，也有人信火神、石頭神，各宗教間各事其主，彼此不和諧，氏族間又有古銳氏一支獨大。明明是同一氏族裡分出的部落，卻有人強大，有人貧弱，是什麼原因造成這樣的結果呢？

　　就像祖父終其一生在追尋他所謂的真神而不得，他的真神對他的生活並沒有實質的幫助，可是他仍然盲目的追求。

　　如果阿拉伯人能像猶太教徒

和基督教徒一樣，也有屬於自己
共同的神和經書，人民有共同的
宗教重心，生活一定會比現在更
有依靠，氏族與部落之間也一定
比現在更和諧。

這一趟遠行，穆罕默德見識
到阿拉伯以外繁華、多變的世
界，從商隊裡學習到買賣的技
巧。布道大會裡所感受到的宗教
和諧，更是在他十二歲的心靈中
留下了不可磨滅的印象。他雖然
不懂心靈平和這樣深奧難懂的字
句，但他想起祖父常常崇拜阿
拉，或許有很多人是在宗教裡找
到他們想要的東西。他對宗教起
了很大的興趣，也種下了日後發
揚伊斯蘭教信仰的種子。

6 盡忠職守獲美譽，
得愛妻建立家庭

有過一次出遠門的經驗，塔里布日後再有出遠門的機會，都會找穆罕默德同行。漸漸長大的穆罕默德也逐漸在駱駝商旅中，找到生活重心並習得謀生技巧。

由於經驗的累積，穆罕默德在駱駝商隊裡，不再限於看管貨物，他開始擔任嚮導的工作，在隊伍的最前端，牽引駱駝，勇往直前的抵達目的地；也參與事前聯絡隊員的工作等。他工作勤奮的好名聲越傳越廣，很多人都知道麥加有個不多話，勇於任事的穆罕默德，許多商人都樂意僱用他為駱駝商隊的嚮導。由於他的忠誠與善良，讓他贏得了「阿敏」＊的美譽。

在穆罕默德十六歲時，一個麥加商人和阿拉伯南邊部落的商

人，因為商業糾紛擺不平，引發了阿拉伯半島內的南北戰爭。穆罕默德所屬的哈希姆氏族也加入了這場戰役。

初次參戰，穆罕默德跟著戰士們學習射箭和挖壕溝，雖然年紀輕，但為保護麥加，他表現得分外英勇，對戰術運用產生了濃厚的興趣。

但穆罕默德很困惑，為什麼要打仗呢？難道不可以用其他的方法解決嗎？

他問伯父，塔里布一時之間也說不清楚真正的原因，只說，長久以來，凡是有紛爭，都是用戰爭來解決，不然，有什麼更好的辦法嗎？

穆罕默德一直思考著戰爭這個問題。

放大鏡　　＊阿敏　Amin，意為忠誠者，由於穆罕默德溫厚、忠實的個性，得有此美稱。

　　他想起小時候跟著游牧民族居住在寸草不生的沙漠裡，嚴峻的環境中，個人無法生存，游牧民族間就成立了互助團體，每個人都隨著團體的意志生活，不能獨自行動，因為大家心裡都很清楚，只有彼此依賴才能生存。

　　他也想起小時候和祖父、伯父參加的那一次氏族會議，那次會議中，所有的氏族在天房前宣誓，展現出強大的團結力，肇事者深怕被報復，趕忙交付應繳的款項，而結束了紛爭。雖然那次並沒有使用武力就解決了問題，但那是對方在恐懼之下不得不屈服的結果。阿拉伯半島幾世紀以來的秩序，就靠氏族的團結，而氏族下面分有許多部落，氏族之上又有大家選出的氏族統領者。權力大的管治權力小的；權力小的遇到困難，若沒有權力大的在後面撐腰，根本就無立足之地。

他現在終於明白，祖父當年為什麼要說「公義」最重要。沒有公義，一切都是人的私心，但是，公義的標準又建立在哪個基準上呢？又是誰決定用戰爭或是談判的方式來面對棘手的紛爭呢？

　　穆罕默德抽絲剝繭，試圖從生存的環境裡，找出最適合當地人，也最公平的生存方式。

　　領導者的強勢作風，主宰了麥加城內人民的一切，如果弱勢者遇到不公義的對象是城內的強勢者時，誰來替他們出頭？這麼一想，穆罕默德像是茅塞頓開，了解先祖移至麥加時所遇到的困難，也愈加佩服先祖的勇氣與智慧。

　　仗打贏了，穆罕默德也二十歲了。成年後的穆罕默德，身高大約一百七十公分左右，深棕色的皮膚，眼睛又圓又大，鼻子高挺，嘴巴寬闊，雖然體格不算健

壯，卻很結實，頭髮捲曲濃密，留著大鬍鬚，就像他的祖父穆塔里布一樣。

這年，城中一位富有的寡婦哈蒂嘉，要僱人運貨到敘利亞去。

為了這一趟買賣，她四處打聽可靠的人。她需要一個可以信賴的人，雖然有很多人上門應徵，但她都不滿意。

塔里布也聽到哈蒂嘉要僱用人的消息，他特地通知穆罕默德，要他也去試試看。

「可是我聽說有很多人被拒絕了，是什麼原因呢？」穆罕默德問。

塔里布說：「哈蒂嘉在麥加雖然不算最富有，但也算是個有錢人。一個女人要面對外面形形色色的世界並不容易，加上她個性謹慎，凡事都設想得很周全，所以不可靠的人，當然都被拒絕

了。不過，你去應徵的時候，只
要如實的表現你自己，我相信她
會僱用你的。」

穆罕默德聽伯父說，哈蒂嘉
是阿拉伯世界裡，唯一經商的女
人，一個寡婦有什麼能耐在都是
男人的阿拉伯商圈裡做生意？

一方面是好奇，另一方面也
為了多賺點錢，於是，穆罕默德
毛遂自薦。

哈蒂嘉第一眼看到穆罕默
德，就對他留下了好印象，覺得
這個人講話很誠懇，分析事情也
有條有理，不說大話，很謙虛，
行為舉止也很正派。她心裡打定
主意要僱用他了，但為了小心起
見，她對穆罕默德說：「應徵這個
工作的人太多了，我一時沒能決
定，等有消息，再通知你。」

哈蒂嘉等穆罕默德一走，馬
上派人探聽穆罕默德究竟是何許
人物。

「他的外號叫忠實者阿敏。有次跟人相約見面，對方忘記了。等記起來，匆匆趕去時，發現他居然還在等，而那已經是過了兩天的事了！」

「他很喜歡小動物，連小貓睡在他身上，寧願自己一動也不動，也不忍心把貓抱下來，怕吵了牠！」

「他凡事全力以赴，不達目的絕不中止，就算路上荊棘滿布，他也不回頭，勇往直前。」

「在路上碰到乞丐，即使只剩下最後一塊麵包，他也會毫不猶豫送給他們吃！」

「他做生意絕不偷斤減兩，寧可吃虧，也不占人便宜！和他交易過的人，都稱讚他！」族人說起穆罕默德都稱讚有加。

見過穆罕默德，又得到族人的好評語，哈蒂嘉不再猶豫，決定僱用他。

　　行前，穆罕默德特地向哈蒂嘉詳細報告此行所僱用的搬伕、行走的路線、預定售出的貨物價格和營利多少。

　　十二天的旅程，穆罕默德憑著沉著的性格和敏銳的頭腦，賺了大筆錢財。

　　回到麥加後，他直接去向哈蒂嘉報告此行的交易情形，並繳交獲利。

　　穆罕默德有條不紊的說明每件物品的原價與賣價，以及與買主之間的互動。雖然同行的其他駱駝商隊中，有不肖商人偷斤減兩，用次等貨品假裝上等貨品，大賺黑心錢，但他堅持要用公平的秤。寧願少賺點錢，甚至不賺錢，也不願意有樣學樣，同流合污賺不該賺的錢。因此剛開始那幾天，交易量並不好，但是到了中程以後，有些眼尖的商人，知道他的秤公道，也從其他人的口

中，得知他是誠實的生意人，便把原本要向其他人購買的貨品，改向他買，有些買主還和他簽定下一批貨的交易協定，更表示將和他成為長期的貿易夥伴。

穆罕默德也描述了一行人沿途所見的風光景色，以及遇到的異邦人士種種有趣的見聞。

穆罕默德不論是好的，還是壞的，一點也不隱瞞，侃侃而談的模樣，深深的吸引著哈蒂嘉。

她欣賞他的誠實不欺。他給她帶來的財富不僅是眼前的，更是未來的。這樣的人，足可託付一生。

她的臉泛起紅暈，她喜歡上穆罕默德了！

哈蒂嘉小時候，爸爸死於戰爭，家裡的一切事務都由她的伯父伊本決定。因此，當伊本知道姪女愛上穆罕默德後，他多方打聽，得知穆罕默德是個值得信

賴、誠實正直的年輕人，便代表哈蒂嘉，約塔里布見面，希望兩家能結成親家。

塔里布也很高興穆罕默德能和哈蒂嘉結婚，雖然她的年紀比穆罕默德大，但她不同於其他的女子，她有遠見，有膽識，在以男子為中心的社會裡，她能獨當一面，是個女中豪傑。

穆罕默德對哈蒂嘉也深有好感，認為兩個人一定能同心協力做一番事業。另一方面，他也想盡快自食其力，減少伯父的負擔。

經過雙方家長幾次商議，在男女兩廂情願下，這件婚事很快就談成了。

二十歲的穆罕默德依照阿拉伯半島的習俗，以二十頭駱駝為聘禮，娶四十歲的哈蒂嘉為妻。

重建天房，聖石復位

　　哈蒂嘉是個聰明的女人，家中大大小小的事，她絕不堅持意見。凡是穆罕默德認同的，她都全力支持，輔助丈夫，衝刺事業。

　　哈蒂嘉讓穆罕默德掌管所有財物，她只注意家中進出帳目的總數。若有任何疑問，她一定開誠布公和穆罕默德商量。穆罕默德不但尊重她的意見，也非常信任她，遇到任何解決不了的問題，第一個徵詢意見的人，就是哈蒂嘉。

　　哈蒂嘉在結婚時就跟穆罕默德說：「不要只把我當成你的妻子，我更願意當你的朋友，你的手足。」

　　穆罕默德問她：「一個女人，怎麼帶領都是男人的駱駝商隊？

妳的手下願意服從妳嗎？」

　　她笑了笑，說：「很多人都想當領袖，當領袖最重要的是，凡事不能只想到自己的利益，一定要先為別人設想。所有的人都接受過你的幫助後，當機會來臨時，領袖的榮耀就自然而然的來了。」

　　哈蒂嘉在駱駝商隊出發前，會先給每位隊員一筆安家費，讓他們的家人在男主人不在家的那段時間裡，能安心生活。商隊回來後，她會額外再給一筆錢，當作工作獎金。她說：「賺再多的錢，也不如有盡忠職守的夥伴。彼此信任和合作，才能帶給雙方無盡的財富。」

　　哈蒂嘉這段話讓穆罕默德更加敬重她。他也牢牢的記住她的話。

　　有一年，天房因為年久失修，以石塊搭建而成的牆壁，出

現了裂痕，屋頂也破了好幾個洞。眼看天房日漸殘破，麥加人決定要重新整理修建。天房是聖地所在，加上重建有風險存在，顧慮重重，誰都不敢任意移動天房裡的任何物品。

聖地所在，每個人都戰戰兢兢，怕稍一不慎，驚動了神靈而招來災禍。在不知如何是好的情況下，麥加城內的各族族長們開會商量，決定先向阿拉祝禱，說明此次工程的必要性，然後再拆下損壞的牆壁，清洗天房，補修屋頂等等。

每一氏族負責一部分，同心協力的完成這個神聖的工作。

工程進行順利，最後只剩下將天房前黑色聖石*復位的工作

放大鏡

*黑色聖石　天房外門前的一角有一塊黑玄石，象徵古阿拉伯萬神中的主神阿拉，據說是大天使加百利賜給亞伯拉罕的。此次整修，穆罕默德替麥加解決了黑色聖石復位的難題，也象徵他以後將成為麥加的領袖。

了。

　　這個神聖的工作，各氏族都認為自己最有資格，互不相讓。古銳氏長老雖然躍躍欲試，但也有怕神靈降災的顧慮，不敢明目張膽的以強勢取得將聖石復位的工作。

　　聖石只有一塊，怎麼辦呢？

　　為了聖石復位的問題，麥加城內亂哄哄，大家的火氣都很大，稍稍不滿意，就吵架相罵，火爆場面越來越激烈。

　　爭論到第五天時，一位長老說：「這樣吵來吵去不是辦法，聖石是一定要復位的，既然相爭不下，又找不出一個大家認同的方法，不如就讓今天第一個走進天房的人來決定好了。大家覺得如何？」

　　眾人聽了，覺得倒也是沒有辦法中的辦法。

　　麥加城裡的成年男子，大都

聚集在天房。等了很久，一直沒見到半個人影。

大家越等越心急，最後，乾脆席地而坐，耐著性子等。

穆罕默德剛從外地做完買賣回麥加，才進城，就聽到天房重建和爭吵的消息。他不以為意，依照凡是從外地歸來，都必須先去天房朝觀的往例，直接去了天房。

天房四周的人，遠遠看到有一個人影走近。

「有人來了！有人來了！」一個傳一個，天房旁所有的人，全都站起來，很緊張的靠攏，想要知道將決定神聖任務的是何方人物。

人影越來越清楚。

終於，有人說了：「是穆罕默德！」

「穆罕默德？阿敏！太好了，太好了，如果真的是他，一

定能幫我們解決這個難題！」

　　有人贊同的說：「他向來最公正，不說大話，聽他怎麼說，我們就怎麼做。」

　　「對！對！我們聽他怎麼說。」眾人對穆罕默德寄予厚望。

　　出主意的長老把事情的來龍去脈說給穆罕默德聽。

　　穆罕默德見眾人以充滿期待的眼神看著他。他耐心的聽完後，深深感到這真是件棘手的事。

　　該怎麼辦呢？聖石是麥加鎮城之石，稍一疏忽，足以擴大氏族間的猜忌與爭執。

　　要怎麼做才能面面俱到，順了大家的意，也不傷任何人的心？

　　妻子哈蒂嘉的話，突然在他耳邊響起：要為眾人著想。

　　他的目光橫掃過每個人的臉，當他的眼神和站在人群最後

端的伯父塔里布交會時，他靈機一動。

「麻煩找塊大黑布來。」他很有禮貌的跟出主意的長老說。

人群裡響起了細細的說話聲：「黑布？穆罕默德不快點解決這個頭痛的問題，要塊大黑布做什麼？」

大黑布拿來了，穆罕默德把它平整的鋪在地上，然後請出最德高望重的四位氏族長老，他說：「麻煩四位長老站在黑布的四個角落。」

然後，他請在場四位最年輕力壯的男子，合力把聖石放在黑布的中央。

「現在，請四位青年站在四位長老的身後，合力拉起黑布的一角，把聖石放回原來的地方。」

人群裡陸續有人發出讚嘆聲，佩服穆罕默德的主意。

聖石復位了，天房內響起一陣

陣掌聲。

　　每個氏族都分享了榮耀，非常滿意穆罕默德這個決定。

　　人群裡的塔里布對穆罕默德的安排非常得意，他在這個侄子的身上，看到了智者的形象。

8 贖金收義子，
赴希拉山靈修

　　幾年後，穆罕默德已是四個女兒和兩個兒子的父親了。

　　穆罕默德生意做得很好，哈蒂嘉也持家有術，一家人和樂融融，沉浸在幸福美滿的歡樂中。

　　好景不常，穆罕默德的兩個兒子在幼兒時期，因為重病過世了＊。他的父親在他還沒出生前就過世，他的童年是在沒有父親關愛的缺憾中度過，沒想到，他的兒子竟然比他早去世。穆罕默德在精神上，難以承受喪子的打擊，一夜之間衰老了好幾十歲。

　　為了排解失去兒子的痛苦，

放大鏡

＊哈蒂嘉和穆罕默德共有六個孩子。兩個兒子卡希姆 (Qasim) 和阿布都拉 (Abdallah) 在幼年時即去世，四個女兒分別為芝娜 (Zaynab)、路佳雅 (Ruqayyah)、庫兒蓁 (Kulthum) 和法蒂瑪 (Fatimah)。穆罕默德很愛孩子，常陪孩子們玩耍。失去孩子是他人生中最大的打擊。

穆罕默德常常獨自外出散步，有時在街上看到小男孩，他都會停下腳步和他們說說話。

鄰居家有一個十歲的小男奴阿德*，常和穆罕默德玩。

有一天，他告訴穆罕默德：「我的家人已經準備好贖金，要帶我回家了。」

穆罕默德微笑著點點頭，說：「那很好啊！小孩子終歸是要和父母在一起的。我祝福你！」

穆罕默德回想起他童年的情景，心裡泛起陣陣的憂傷，他最愛的爸爸、媽媽，為什麼這麼早就離開他呢？

阿德看到穆罕默德的臉，蒙上一層憂愁，他突然拉著穆罕默德的手，流著淚說：「可是我不想

放大鏡

*阿德 即宰德 (Zaydibn Harith)，後來娶了穆罕默德家中的女奴為妻。麥地那清真寺落成後，穆罕默德派阿德回麥加，接回還留在當地的親人和眷屬，其中包括了穆罕默德的女兒及阿德的妻子等人。

走啊！我從三歲就來了，到現在已經七年了，我喜歡住在麥加，而且你常常和我玩，和我說話。我走了以後，我會很想你。我已經把你當成最好的朋友了，我不想離開你。」

穆罕默德聽了很感動，他問阿德：「那你想怎麼樣呢？」

阿德頭一偏，破涕為笑說：「我當你的兒子好不好？這樣，我就可以常常和你在一起，也不用再作奴隸了。」

穆罕默德聽後，心有所感。阿德小小的年紀，就被賣來作奴隸，真是個可憐的孩子。

他想，阿德這孩子品性端正，他也願意收養他為義子。

穆罕默德徵得阿德的主人及父母的同意後，送給阿德的父母和主人雙倍於贖金的金錢，收阿德為義子。

阿德脫離了奴隸的身分，又

能留在穆罕默德身邊，高興得歡呼大叫。穆罕默德有阿德為子，也減輕了他失去兒子的傷痛。

在細心的照顧與栽培下，阿德日後成為穆斯林社區裡傑出的領袖，也是穆罕默德得力的左右手。

生活日漸安定後，穆罕默德已經行有餘力去幫助別人。只要有人向他抱怨生活困苦，他都盡其能力供給衣服、食物或是可放牧的羊群或駱駝。

另一方面，穆罕默德常常回想起自己失去親人照顧的童年生活。童年顛仆的游牧生活，讓他見識到人的毅力的可貴。戰役與婚姻也讓他深刻體悟到，不是人人都可以擁有安定、幸福的人生。他的思想逐漸跨出自我領域，思考到人與人，以及人與大自然間相互依存的關係。

出生後從沒見過爸爸的面，

母親又早逝，最疼愛他的祖父，雖然很照顧他，但到處找他的真神，即使在去世前，仍然念念不忘他信奉的阿拉。如果祖父所信仰的阿拉是真的存在，那麼，阿拉在哪裡呢？如果不是真的存在，那真神又在哪裡呢？

　　阿拉伯人崇拜信仰多神，處處可以看到有錢人出資建立的神像，一般百姓就像他的祖父一樣，精神空虛，內心得不到安寧。有能力的氏族又熱衷於爭權奪利，富的越富，窮的越窮。他想團結所有的族群，但他只是一個普通商人，力量實在有限啊！

　　伯父固然對他不錯，但終究不是自己的爸爸。麗娜媽媽一家人去了哪裡？人為什麼永遠都爭不過大自然呢？一個麥加，氏族之間爭來爭去，為錢財為利益，為什麼要彼此仇視呢？

　　回想往事，穆罕默德心裡充

滿了無力感。

事業有成，家庭也算美滿，但是未來在哪裡？一連串的問號把穆罕默德的頭都炸疼了！

妻子哈蒂嘉看他每天悶悶不樂，勸他說:「不如抽幾天時間，去城外的希拉山＊靈修，或許心情會平靜一些，會好過一點。」

穆罕默德看著哈蒂嘉，點點頭表示接受她的建議。

隔兩天，哈蒂嘉幫穆罕默德整理些衣物和乾糧，讓他啟程去靈修。

臨行前，她說:「家裡有我在，你不用擔心，你幾時想回家再回家。」

穆罕默德默默無語，緊緊握著哈蒂嘉的雙手，然後轉身離開了。

放大鏡

＊希拉山　Mount Hira，據說穆罕默德在此第一次聽到大天使加百利傳布阿拉的教示。

　　為了尋找心靈安寧及苦思解決族群紛爭之道，他動身前往離麥加城五里外的希拉山靈修。

　　他帶著簡單的衣物和乾糧，慢慢走向城外。走過街道，沿路有很多人向他打招呼。他微笑回應眾人，也不多言語，安靜的走著。他仔細端看城裡的一切，寸草不生的沙地裡，依然有著樂天知命的貝都因游牧人，毫無怨尤的逐水草而居。

　　離麥加越來越遠，穆罕默德停下腳步，回頭遙望，山下所有的一切對他來說，怎麼有種陌生的感覺呢？

　　走走停停的過了一天一夜，希拉山在望了。他打起精神往山上走去，找了一個位於山腰的山洞，把帶來的物品放在洞裡，地上鋪了布，他躺在布上，閉上雙眼，慢慢的睡著了。這個山洞就成為他靈修時的家。

　　穆罕默德每天早上，帶著簡單的乾糧，爬上山頂，當他站在山頂上時，感覺空氣特別新鮮，精神特別好。他抬頭向上仰望，一山比一山高，雲層外還有雲層，天空更是高不可攀。再向下看，一切都變得好小好小。

　　他時而向上看，時而向下望，實在太奇妙了！站在同樣的地方，只因為視角的不同，所見的景觀完全不一樣了！

　　穆罕默德開始想到人生中不是只有個人，還有他長期以來關注的弱勢族群。他自己也是從沒落的貴族後代、無父無母的孤兒一路走過來，才有今天。

　　穆罕默德的心陷在重重的憂慮裡。

　　帶著困惑上山，七天後，穆罕默德仍然帶著困惑下山。

　　不同的是，靈修時，穆罕默德能更冷靜的思考許多問題。穆

罕默德的心，一天比一天清靜，思路也越來越清楚。釐清了許多困惑之後，他愛上了靈修。

他常常想到去世的祖父、母親，也想到麥加的過去、現在與未來，以及如何讓麥加少爭戰，多和諧。

他苦苦思索，覺得自己不過是天地間的一粒小沙子，力量微不足道。有時又覺得自己與天地融為一體，可以盡一己之力，為族人謀福祉。

他奔上希拉山山巔，展臂高呼：「阿拉呀：請祢使我的心上有光，舌上有光，耳上有光，眼上有光！左右有光，上下有光，前後有光，周身有光！請祢為我把光擴開去呀！」

日日月月，穆罕默德到希拉山山洞裡苦行靈修的次數越來越頻繁，停留的時間也越來越長。

布告之夜，
接受天啟

　　時間一年一年的過去，轉眼間，穆罕默德已經四十歲了。

　　歷經多年靈修，他的容貌和個性也有了改變。

　　頭髮和鬍鬚變白了，從外表看起來，比同年齡的人老了很多歲。

　　九月裡，他又上希拉山，在固定的山洞裡靈修。

　　夜深了，天上的星星閃閃發亮，山洞外有陣陣乾熱的風吹過。

　　他在洞裡睡得好甜，今天是到希拉山靈修的第六天了，明天過後，他就要下山，回到日常的生活。

　　突然，山洞外有陣陣強光照進洞內。強光持續不斷，使他從睡夢中驚醒，「發生了什麼事？」

他快速起身，跑到洞外觀看究竟。

　　腳才踏出洞門口，他看見半空中，有個人全身穿著白色衣袍，留著過腰的白色長頭髮，背後還有一對長羽毛的大翅膀。

　　他以為自己在作夢，揉揉眼睛，張眼再看。唉呀！那個人怎麼還停在半空中呢？

　　更讓他害怕的是，那個飄在半空中的人從手中抖落一卷經文書後，居然開口說話了，他對著穆罕默德高聲說：「穆罕默德，我是大天使加百利*，你是神阿拉*的使者，宣讀吧！」

　　加百利的聲音在希拉山四周迴盪不絕。

放大鏡

*加百利　Jibril，英文是 Gabriel。他是阿拉與穆罕默德之間的傳播天使。此後二十三年，穆罕默德陸續接到阿拉降下的啟示。

*阿拉　Allah，惟一的真主之意。是伊斯蘭教對「神」的稱呼，並非有個神叫做阿拉。

穆罕默德嚇得目瞪口呆，他兩手摀住耳朵，心裡慌張的想，這個人居然知道我的名字？糟糕，我是不是碰到妖魔鬼怪了？還是有人在惡作劇？

穆罕默德環視四周。大半夜的，整座山靜悄悄，除了他一個人，並沒有看到其他人影，這到底是怎麼回事？是作夢嗎？他掐掐眼睛，扯扯臉頰，會痛耶！不是作夢？難道這一切是真的？

「你宣讀吧！」加百利的聲音再次響起。

穆罕默德嚇得說不出話，加百利出現得太突然，讓他不知道該如何回應。

「你的神無所不知，祂教人用筆寫字，教人讀書，你宣讀吧！」

穆罕默德節節後退，加百利卻步步跟進。

穆罕默德轉身要逃，加百利

103

像飛箭一樣快速移動身體，擋在他要逃的方向前。

「穆罕默德，你是神的使者……你宣讀呀……」加百利聲如洪鐘，從四面八方湧來，到處都聽得到祂的聲音，看得到祂的身影。

穆罕默德往東，加百利就往東。

穆罕默德往南，加百利就往南。

「你的神無所不知，你宣讀吧！」

加百利口裡不停的重複要他「宣讀」，讀什麼呢？不是祭司才識字，才懂得唸咒語嗎？他不要作祭司。天底下千千萬萬的人不去找，為什麼要找上他呢？

還有，這個半夜出現的加百利到底是誰？學過什麼特異功能嗎？否則，怎麼會浮在半空中卻不會墜落地上？

為什麼說他是神的使者？什麼叫做使者？所謂的神又是哪個神呢？

穆罕默德腦裡冒出一大堆問號，他也管不了那麼多，轉身就跑。

但不管跑得多快，加百利永遠比他快。

加百利又出現在他面前：「你宣讀吧！」

穆罕默德用力搖搖頭，說：「我從小沒讀過書，不認得字，叫我怎麼讀呢？」

加百利又說：「你的神無所不知，不識字的能讓他認字，祂教人明白所有不曾知道的事情，你宣讀吧！行善濟貧的人能進天堂，你是神的代言人，你快宣讀吧！」

穆罕默德嚇得臉色發白，想再跑，雙腳像是被釘在地上一樣動彈不得。

　　加百利的身影越來越大，整
個身體彷彿就站在他的眼前。

　　加百利兩手一攤，一卷經文
延展在穆罕默德面前。

　　說也奇怪，不識一字的穆罕
默德，面對經文，居然能宣讀如
流*。

　　當他宣讀完後，加百利像變
魔術一樣，一眨眼就不見，他也
能動彈自如了。

　　穆罕默德越想越害怕，也不

放大鏡　＊此夜被稱為布告之夜 (Lailat-ul-Qadr)，大天使
加百利傳達阿拉教義給穆罕默德的夜晚。穆罕默德自大天使加百利
展現的經書中，以阿拉伯語唸出：「當奉創造者之名（複誦），祂創
造人類！（複誦）──因為宇宙的支撐者是最尊嚴的，祂教人如何用
筆寫字──教他所不知道的事物！」穆罕默德所誦出的，即是《古
蘭經》。《古蘭經》(Qur'an)，伊斯蘭教的聖典，原意為「讀誦之物」，
最初是用高聲唱誦的。直到第三代哈里發時，才用文字記載下來。
相對於猶太人有文字的經典《聖經》，阿拉伯人一直以沒有阿拉伯文
的經典為憾。直到穆罕默德誦出阿拉的啟示，阿拉伯人才高興的說
他們是「有經書的子民」。為了紀念這個特別的日子，伊斯蘭教訂定
從此日起之後的一個月為「齋戒月」，齋戒月內，除了孕婦、病人、
年長者、身體羸弱者、旅人和上戰場的士兵外，所有穆斯林在白天
一律禁食。

管三更半夜天色漆黑，拔腿就往山下衝！

山路顛簸難行，夜裡又看不清楚，一路跌跌撞撞。

他加緊腳步，越跑越快。

「你是神的使者，回到人群裡複誦……」加百利宏亮的聲音，響徹山谷。

穆罕默德可以感覺到加百利的聲音緊緊跟著他，那聲音不僅不因他的快速逃跑而遠離，反而有越來越近的壓迫感。

穆罕默德不理祂，在心裡幫自己加油打氣，那只是個幻覺。快跑！快跑！加緊腳步快跑！

終於到家了！

一天一夜的路程，穆罕默德竟然幾小時就跑到了。

他搥著門叫:「開門！開門！哈蒂嘉，快開門呀！」

哈蒂嘉一開門，他連忙鑽進屋裡，要她快把門關上。

「穆罕默德，你怎麼了？臉色比紙還蒼白！還抖個不停？身體不舒服嗎？」她扶著穆罕默德躺在床上，心急的問。

「給我毯子，我好冷，好冷呀！」穆罕默德兩手抱在胸前，直打冷顫。

哈蒂嘉幫他蓋了三、四條毯子，不停的撫摸他的雙手，他才稍微平靜下來。

「究竟發生了什麼事，穆罕默德？」她知道他在希拉山靈修，慌慌張張的跑回家，一定發生了什麼事。

「祭司派神靈＊來找我了！」

祭司？神靈？他向來最厭惡祭司的言行，更不相信神靈之說，怎麼現在他卻這樣說呢？

放大鏡　　＊古阿拉伯人最為崇拜神靈和精靈，認為是這兩種力量統治著世界，神靈的世界是人類可望不可及的。精靈則是活動於曠野間的神祕力量。

　　穆罕默德說起他的奇遇，剛開始他不曉得那是真是幻，還以為在作夢，直到大天使加百利四處跟著他，他才知覺，那是真的！

　　穆罕默德害怕的說：「我一定是招惹了山上的神靈，完了，我完了！」穆罕默德餘悸猶存。

　　哈蒂嘉越聽越奇怪，她緊緊握住他的手說：「你不要慌。你心地好，一向對人仁慈，幫助窮人和貧困者，減輕窮人家的負擔，處處為族人著想，努力為族人找出和平相處的方式，像你這麼善良的人，怎麼會招惹神靈？想想看，大家都稱你為忠實者呢！發生這件事，一定有它的原因。你不要自己嚇自己，鎮定一點。」

　　穆罕默德舒了一口氣，望著最了解他的妻子，才覺得其中或有乾坤。他沉靜下來，回想剛才發生的一切。

「當時我嚇呆了，加百利一直追著我，說我是神的使者，行善濟貧的人可以進入天堂，要我宣讀神的經文。祂為什麼說我是神的代言人呢？祂到底是誰？究竟想做什麼？哈蒂嘉，哈蒂嘉，我是不是瘋了！是不是瘋了？救我，妳倒是救救我呀！哈蒂嘉，我好怕呀！」

哈蒂嘉擁著穆罕默德的雙肩，要他深呼吸，先冷靜下來。她說:「這事一定有原因的，想想看，你還記不記得，那個加百利要你宣讀的經文內容？」

「我不記得了！」話才剛剛說完，穆罕默德的嘴裡，忽然冒出一長串的話。

他驚訝的看著哈蒂嘉，她也從他的表情中，讀到了不是常人會遇到的一段神奇經歷。

穆罕默德不敢相信的用手搗著嘴巴。

　　哈蒂嘉輕輕的拉著他的手，說：「穆罕默德，你知不知道，從認識你到現在，我從沒聽過你如此流利的說過這麼一長串的話！」

　　雖然哈蒂嘉不懂「神的經文」指的是什麼，但她勉勵丈夫說：「穆罕默德，行善濟貧不就是你心裡想做的事嗎？如果這個加百利是要你做神的使者，你為什麼不想想，也許真的是神要你做祂的使者呢？你的理想不也可以實現嗎？那未嘗不是件好事。」

　　穆罕默德望著妻子，深深感到她的智慧和冷靜不是他所能及的，她永遠懂得如何適時適所的鼓勵他，而不隨他的情緒胡亂起舞。

　　她又說：「神給你啟示，希望透過你，改變麥加貧富不均和相互爭鬥的種種惡習，這是造福族人的事呀！穆罕默德，也許你是神賜給我們阿拉伯人的先知！你

先好好睡一覺，明天我們一起去找我的堂哥＊，憑他博學的知識，一定能解你迷津的！」哈蒂嘉扶他躺下，蓋妥被子，叮囑他安心入眠。

穆罕默德久久不能入眠，大天使加百利，妻子哈蒂嘉，以及多年來上希拉山靈修的經驗，他慢慢思考其間的來龍去脈。妻子說得沒錯，行善濟貧，打破麥加城內長久以來的貧富不均和不公不義，以及改變崇尚多神等種種的陋習，是他的理想。如果真是神帶來的啟示，他將奮勇力為！

　　＊哈蒂嘉的堂兄瓦拉夸是基督教徒，受過《聖經》教育，非常博學。經由哈蒂嘉轉述後，他根據經文，確定穆罕默德已從摩西和其他先知處，領受啟示，成為阿拉伯世界的先知。先知指的是能接受神諭的人，伊斯蘭教先知有很多位，如亞當、耶穌、摩西、亞伯拉罕、所羅門等，穆罕默德是最後的先知。哈蒂嘉是第一個接受伊斯蘭信仰的人，阿德、穆罕默德的女兒們也跟進。眾多信徒中，穆罕默德的伯父塔里布，不願意背棄祖先流傳下來的傳統信仰，但他敬佩穆罕默德的勇氣，他願意領導哈希姆氏族，支持穆罕默德，繼續維護穆罕默德的安全。

有機會，他一定會挺身而出的！

這一夜，他在夢中回到了多年前和伯父一起前往經商的敘利亞，回到了烏卡茲城，回到那個猶太教徒傳道的帳篷，那些傳道的言詞仍回響在他耳際。

他的心裡不再有恐懼，反而充滿了無限的平和。

10 希吉拉麥地那，
開創新局面

　　自從接受大天使加百利所傳
的神諭後，穆罕默德繼續到希拉
山潛修。

　　阿拉透過大天使加百利口
述，以及在穆罕默德的靈修及冥
想中，陸續降下啟示。他終於察
覺到，自己是被神選定的先知，
神將透過他，傳布阿拉的教義。

　　為了免於多神信仰的麥加人
以及掌控政經勢力的古銳氏長老
的注意，而造成不必要的困擾，
穆罕默德幾經考慮，決定不在公
開場合傳教，他選擇在希拉山祕
密傳教。他的教義強調社會正
義，揚棄多神崇拜，阿拉是惟一
的真主。主張凡是阿拉的信徒，
無論窮與富都一律平等，無論男
女，都應當照顧部落中的弱勢。

　　年輕男性最先受到他的教義

的吸引，願意面對他們所處環境中的困境，希望能在這個新宗教中，找到解決的方法。這些人中，有許多來自低下層社會及長期受壓迫的弱勢族群，包括奴隸階層和脫離部落的流浪者。這些人接受了穆罕默德所傳的教義後，自此守在他的身旁，成為忠實的信徒。

去聽他傳教的人，深為他的教義所感，越來越多的人相信他是先知，信奉他所傳布的教義。

聽過他傳教的人們，出了希拉山後，耳語相傳，將穆罕默德的話語傳播出去。信奉他的人日益增多，很多人也知道在希拉山，有一位專門傳布阿拉教義的先知。

眼見信徒增加，希拉山的洞窟，空間有限，已不能容納更多的信徒，穆罕默德決定公開傳教。

　　把新宗教公開介紹給大眾後，所有的人都非常詫異，同時也對教義內容，以及他解說的流利口才深感佩服。信教的人如雨後春筍般增加。信徒們早晚聚在一起，研習穆罕默德所傳的教義。

　　許多半信半疑的人，利用各種機會試探他，最後都被他的智慧和誠心所感動，自動追隨他*。

　　穆罕默德見時機成熟，訂教名為伊斯蘭*教，信徒稱為穆斯林*。主張打破貧富不均，放棄多神崇拜，奉阿拉為惟一的真神。

　　伊斯蘭教教義深深的吸引群眾，它的影響力，引起了其他氏族，尤其是古銳氏的恐慌，害怕穆罕默德這股力量會瓦解他們長久以來把持的政經優勢，為免穆罕默德坐大，古銳氏族決定軟硬兼施，迫使他就範。

他們先找來穆罕默德的一位
朋友，勸穆罕默德說:「何苦跟古
老的傳統作對，這麼多年來，大
家不是都相安無事嗎?」

「位在上等階層的人是過得
很好，可是窮人及低下階層人的
日子卻是苦不堪言啊!」

「自己的日子過得好就好

![放大鏡]

※相傳有個人為了試探穆罕默德是否真如傳說中
的充滿智慧，故意出難題考驗他:「駱駝是生活裡最珍貴的寶物，我
們應該緊緊守住駱駝呢?還是要信仰真主阿拉?」穆罕默德不假思
索的回答說:「信仰真主，同時看緊你的駱駝。」

烏瑪爾是另一個有名的例子。穆罕默德複誦阿拉教義時，是用大
聲唱誦的方式，其信徒也以同樣方式唱誦，再以筆記錄下來。身為
詩人的烏瑪爾，是少數能認字的古銳氏人之一。有一次要去看他的
妹妹，走到門邊，聽到他妹妹在唱誦，他一怒之下，衝進房裡，用
拳頭打倒的妹妹和妹夫，要他們放棄信仰伊斯蘭教。豈知兩人不
從，他在極度憤怒下，要撕毀兩人所記錄的《古蘭經》手稿時，他
讀到:「你說，有知識的與無知識的相等嗎?惟有理智的能覺悟。」
「……我的子民不斷以更多的行動接近我……我愛他時，我變成他
聆聽的耳朵，他觀看的眼睛，他緊握的手，以及他行走的腳……」
時，大為驚嘆。他從沒看過如此優美的文字，詩人對文字的敏感力
和對其妹妹、妹夫忠誠信仰的感動，立即改信了伊斯蘭教。
※伊斯蘭　Islam，為絕對順服阿拉之意。
※穆斯林　Muslim，伊斯蘭教信徒的稱呼，意為全心全意歸順真神
阿拉的人。

了，你何必管他們呢？」

「在阿拉面前，所有的不公不義將得到伸張，你，站在阿拉這一邊吧！世上只有一位真主，就是阿拉！」

「你說得很有道理。我不會阻止你，但也請給我時間想一想。」

穆罕默德送走了朋友，沒幾天，古銳氏人帶了許多金銀珠寶，送給他的伯父塔里布，希望他能勸導穆罕默德，放棄他所傳揚的新宗教，解散他的信徒。

塔里布嚴詞拒絕古銳氏的誘惑：「穆罕默德就像是我的親生兒子，我對他的感情和信任是無法用任何金錢代替的！你們白費心機了，走吧！」他兩手一揚，砰的一聲把門關上。

話雖如此，他仍趕緊派人前去警告穆罕默德，要他時時提高警覺。

　　軟的不行，古銳氏就來硬的。他們派人躲在暗巷，等穆罕默德走過後，從背後向他丟大石頭，等他倒地後，群起拿棍棒打他，怒罵他。

　　對方人多勢眾，被打得全身是傷的穆罕默德忍氣吞聲，他不還口也不還手，倒了再站起來，事後也不找人前去理論。

　　他心裡非常明白，很多事不是短時間就能說清楚，也不是說了就能馬上見效的，凡事需要時間與耐力。他要信徒們小心自己的言行舉止，能不外出盡量不外出，不要與人發生爭執。

　　古銳氏用了很多手段，仍然打不退穆罕默德，就乾脆放出風聲，任何信奉伊斯蘭教或是提供傳教場所的人，都將遭到最嚴厲的報復。

　　風聲鶴唳之下，人人為求自保，個個緊鎖大門，足不出戶。

　　古銳氏又聯合其他氏族，指
控穆罕默德背棄傳統宗教，散播
不實教義，撕裂固有的社會制
度。為抵制穆罕默德和他所屬的
哈希姆族，任何一族不得與其聯
姻、買賣等，試圖以孤立的手
段，阻斷穆罕默德和穆斯林與各
氏族接近，以及尋求協助，以截
斷他們的經濟來源，達到瓦解的
目的。

　　穆斯林忍無可忍，請求穆罕
默德以暴制暴。

　　穆罕默德聞言，持反對意
見，他要信徒們保持冷靜，他
說：「阿拉警告，禁止相互敵對，
不能仇殺，不能欺強凌弱，不能
侵犯他人。作為阿拉的信徒，要
堅守阿拉的訓示。」

　　但是情況越來越不利，穆罕
默德為免穆斯林和無辜的民眾受
害，又回到希拉山祕密宣教。

　　由於古銳氏採取封鎖經濟的

強烈手段，使穆斯林的生活日益艱苦。為了傳教，穆罕默德散盡家中錢財。哈蒂嘉為了支持丈夫，也全力配合，長久下來，她因憂心過度，病重去世。兩個已出嫁的女兒，被夫家以顏面盡失及怕遭到報復為由而趕回家，連最支持他的伯父塔里布，也在這時老病而逝。外在的情勢逼迫，親人的不幸，接二連三的打擊，使得穆罕默德快要撐不下去了！

　　一夜，他昏沉沉的睡去，大天使加百利又帶來阿拉要他不怕困難，振作起來的啟示＊。一覺醒來，他若有所悟，決心拋開個人情緒，不論再大的困難，他也要為伊斯蘭教挺身而出。

　　有十多名麥地那＊人到麥加旅遊，無意中聽到兩名男子的談話，深感他們的對話內容不僅有理，而且感動人心，麥地那人趨前有禮的詢問，兩名男子也感受

到麥地那人的誠意，便據實以告他們其實是穆斯林。

麥地那人要求二人帶領，去聽穆罕默德宣講教義。他們聆聽後，深受感動，決定改變信仰，成為穆斯林，並相約一年後，若信心堅強，決心未變，將帶更多的人前來信奉伊斯蘭教。

一年後，麥地那人果然依約前來，並帶領一百多人邀請穆罕默德遷徙至麥地那。

穆罕默德經過了長時間的思考，也覺得麥加不再是久留之地。古銳氏對他的迫害日益增

放大鏡

＊此夜被稱為「升天」(Mi'raj)。身心俱疲的穆罕默德已就寢，大天使加百利又來了，祂帶著穆罕默德騎著天馬直上雲霄。據說穆罕默德看到了亞當、亞伯拉罕、約瑟、以撒、亞倫、摩西、耶穌、約翰等先知。阿拉並降下十二戒律：僅崇拜惟一的神阿拉、敬愛父母、友善他人、保護弱者、不奢侈不浪費、不貪心、不姦淫、不傷害別人、不侵占別人的財產、誠實、不做無理之事和不驕傲。

＊麥地那　Median，阿拉伯文為「首都」的意思，原名為亞實里布(Yathrib)，穆罕默德由麥加遷至此處。

強，祕密傳教終究不是長久之計。

幾經籌劃安排，穆罕默德和麥地那人在阿克巴簽定協定：「服從穆罕默德，兩地穆斯林結拜為兄弟，麥加的穆斯林為遷士※，麥地那的為輔士※，禍福與共，永不離棄。」

穆罕默德派人故意四處傳道，分散古銳氏的注意力。暗中安排兩百餘名穆斯林及其家屬，馬不停蹄，連夜遷徙至麥地那。

穆罕默德在穆斯林的掩護下，穿越重重困難並躲過古銳氏的追捕※，終於平安抵達麥地那。此次遷移，在伊斯蘭教史裡稱為「希吉拉」※。

麥地那人信仰多種不同的宗教，有猶太教，也有基督教。居民散居四處，各部落都有屬於自己的耕地和居住範圍。由於人口增加，所需的資源相對日益增

加，部落之間為了爭取食物和土地，常常發生糾紛。信仰一神教的穆罕默德在這種情況下到了麥地那，各部落的人認為以他第三者的身分，正好可以當他們的仲裁者，因此對他非常友善。

　　經過一段時日，穆罕默德已了解各部落的情形，他明白當地

＊遷士　Muhajirun，追隨穆罕默德遷移到麥地那的穆斯林。

＊輔士　Ansar，輔助遷士在麥地那的生活。有人問穆罕默德，兄弟和朋友哪一個重要？穆罕默德回答：「兩者同等重要。」他便是以此要求遷士與輔士，以及所有的穆斯林。

＊當古銳氏發現穆罕默德不見了，到處張貼公告，懸賞一百隻駱駝要抓到他。古銳氏派出大批人馬，圍堵各個可能的路口。穆罕默德為躲避追兵，躲在一個山洞裡，追兵追來了，山洞口卻突然出現了一張蜘蛛網，而且還冒出一棵參天大樹，追兵不疑有他而沒入洞追查。後來穆罕默德又躲進一個山洞裡，追兵又來了，卻看到洞口正好有一隻鳥兒在巢裡生蛋，於是穆罕默德又逃過一劫。又有一次，追兵追到一個山洞口時，恰好從山上掉下大批落石，堵住洞口。還有一次，追兵就快追上穆罕默德時，所有的馬匹居然全部跌倒在地，追兵眼睜睜的看著穆罕默德一行人逃走。

＊希吉拉　Hijra，即遷徙之意。西元 622 年 7 月 16 日，穆罕默德率領麥加的穆斯林，遷移到麥地那，後來，便訂此日為伊斯蘭教的元旦。伊斯蘭曆採陰曆制，一年有三百五十四天，伊斯蘭曆的第一個月稱為 Muharram，意為「聖月」。

擁有勢力的猶太教徒和基督教徒
都打算聯合他來抵制對方。雖然
所處的是個複雜的環境，穆罕默
德不怕困難，決定要在麥地那開
創一番新局面。

傳教要有固定的地點，才能
聚集人心。穆罕默德非常了解這
一點。他看了很多地方，觀察了
很久，都沒有中意的地點。

有一天，穆罕默德的坐騎走
到一戶貧窮人家的屋前，就坐在
地上不走了。

這戶人家的屋主是個孤兒，
穆罕默德以市價向他買下屋子，
改建成清真寺＊，作為穆斯林朝
拜阿拉以及處理各項事務的宗教
和活動中心。

穆罕默德深知他在麥地那是

放大鏡

＊清真寺　Mosque，伊斯蘭教的禮拜堂。清真
寺圓形屋頂上的新月標誌，就是象徵穆罕默德布告之夜的上弦月。
穆罕默德曾說：「進入清真寺教學或是接受教育的人，猶如為真主而
戰。」「求學問是男女穆斯林的天職。」

陌生人，是外來者，他不以一教教主自居，他放下身段，親自拜訪了長久以來生活在麥地那的猶太教及基督教長老。

為了表示友善，他改變穆斯林必須向麥加朝拜的規定，轉而每日面向耶路撒冷朝拜三次，以示伊斯蘭教跟他們的根本目標是一致的。穆斯林男子也不強求一定要娶相同信仰的女子為妻，也可以和猶太女性結婚＊。

由在麥加受到排擠的經驗，他體會到團結的重要。他要求穆斯林秉持對阿拉的信仰，遇有其中一戶人家有困難，其餘的都要傾力相助。將自己的才能教導其他人，富有的要幫助貧困的，他尤其要求遷士和輔士之間，要全心全力相互扶持。

當時的人喜歡玩鬥雞和鬥狗的比賽。穆罕默德一律下禁令，並要求穆斯林除了潔身自愛，堅

守教規外，更要比麥地那當地人理智、忍耐、知足與清貧。

穆罕默德認為要有秩序的規範，社會才能上軌道，他又根據阿拉多次的啟示，制訂了一些法律。例如：不准傳統的「男子無限多妻制」，改為男子最多只能娶四個妻子＊，並要擔負起養家及善待妻子的責任；個人與家庭擁有財產支配權，不必受制於氏族長老；女人和孩童也有財產繼承權等。

穆罕默德雖貴為先知，但他的生活卻極為簡樸，寧願自己窮

＊穆斯林可以娶沒有信仰的女子，但妻子須皈依伊斯蘭教，而穆斯林女子不可以嫁給基督教、猶太教男子或沒有信仰的男子，除非這個男子皈依伊斯蘭教。

＊《古蘭經》中說：「你可以娶二妻、三妻或四妻，如果你可以公平對待她們的話。如果你們恐怕不能公平善待你的妻兒，那麼你們只許娶一妻……」曾經有個人有十一個妻子，他成為穆斯林之後，他很苦惱，要遵守最多只能有四個妻子的規定，但是如何處理其他的妻子呢？他問穆罕默德：「我該如何處理這個問題？」穆罕默德答說：「保留四位，其餘離婚。」

苦，也要盡全力滿足有求於他的人。他也是個好丈夫、好爸爸，洗衣、燒飯、牧羊、修理房舍等等雜務，他都親身力為。無論是商人、牧人、農夫、奴隸或乞丐，他不諂媚不歧視，一律平等對待。

他拒絕穆斯林希望他在禮拜時，穿上華麗的袍服的請求。他寧願和大家一樣，穿著粗布做的衣服。他要和大家平起平坐，過一樣的生活。

他以身作則，穆斯林以他為榜樣，彼此真誠相待，不欺瞞、不自私。在穆斯林生活的範圍內，聽不到吵架爭執的聲音，也看不到大打出手的情形。麥地那人對這群信仰阿拉的穆斯林，產生了極度的好感。

11 建立新社區，新秩序

　　麥地那城裡的猶太首富，聽多了當地人對穆罕默德的讚譽，心裡覺得很不是滋味，對穆罕默德所傳的教義也很不以為然。他見過穆罕默德，覺得他看起來並不像別人說得那麼有智慧，不過是個普通人。看來穆罕默德的盛名不過是以訛傳訛罷了！

　　首富為了證明穆罕默德是虛有其表，故意去找穆罕默德。

　　「穆罕默德，聽人說你是阿拉的使者，聰明得很，來，讓我瞧瞧你的神給你的神力。」

　　穆罕默德微笑著對首富說：「我哪有什麼神力，你大概是聽錯了吧！」

　　首富不相信：「沒有神力，哪算是什麼先知，你不過是個騙子。」

穆罕默德聞言，好脾氣的問首富：「那我要用什麼方法，才可以讓你相信我的神阿拉呢？」

首富哼哼兩聲，指著前方的兩棵大樹，對穆罕默德說：「只要你能讓那兩棵大樹移到我面前。我就相信阿拉，成為穆斯林！」

「真的？不反悔？」穆罕默德的臉上現出饒有趣味的笑容。

「不反悔！不過，如果你沒辦法的話，哼！我就昭告眾人，把你趕出麥地那！」首富板著臉，用力點頭，臉上充滿了得意的神情。

穆罕默德煞有其事的，兩手翻掌向天，又往左右伸張雙臂，口中唸唸有詞，一會兒快跑到東邊，一會兒慢步到西邊，可是兩棵大樹依然文風不動。

首富靜靜的看著他，看穿他無法移動大樹，嗤之以鼻的冷冷笑著說：「還說是先知呢！連移一棵

樹都不會！」

穆罕默德聽了，默默走到首富面前，拉著首富的手，快跑到大樹前，指著大樹給他看。

首富氣穆罕默德尋他開心的動作，生氣的甩下手，掉頭就走。

冷不防的，他聽到穆罕默德慢條斯理的聲音在他背後響起：「你不是說只要把這兩棵大樹變在你面前，你就相信阿拉嗎？」

首富不甘被愚弄，氣呼呼的說：「我們再較量一次，你贏了，我就信阿拉。」

「你說話不算話，沒信用！我不要你改變信仰，我只要你一半的牛羊和一半的家產。」

首富惡怒難當，舉起拳頭要打穆罕默德，卻被他打敗。

連輸兩次，首富滿面潮紅，尷尬不已。

穆罕默德伸手拉起首富，語

氣柔和的說：「我什麼都不要，只是想讓你明白阿拉的偉大。」

首富望著穆罕默德離去的背影，久久不語。全城的異教徒要置他於死地，他居然無動於衷，還放過對他不友善的人。

首富佩服穆罕默德的智慧與勇氣，改變了對他的印象，對穆斯林間團結合作的情誼也讚賞有加。他本來想給穆罕默德難堪，沒想到竟然見識到穆罕默德冷靜、機智的一面。後來，他不僅成為穆斯林，更廣加宣揚伊斯蘭教。

漸漸的，有些猶太教徒和基督教徒，搬到了穆斯林居住的區域。穆斯林伸出歡迎的雙手，幫助他們建立新家園。

跟隨穆罕默德遷移到麥地那的遷士，起先在一個全新、不熟悉的環境裡，根本沒有謀生能力，他們的生計完全靠輔士全力

支持。等到遷士學會做生意及耕種的本領後，輔士才稍稍喘口氣。而遷士對輔士最大的貢獻，便是將穆罕默德曾經傳過的阿拉啟示，間接傳給他們。融入新環境、精神與物質並重，是穆罕默德到麥地那後能被麥地那人接受，繼而成功傳教的主要因素。

當穆斯林族群形成一股勢力後，穆罕默德便和勢力最龐大的猶太族締結盟約，約定彼此不互相攻擊，遇有外侮，要共同抵抗。由於彼此的尊重及穆斯林嚴謹的態度，每遇有重大事件，都由穆罕默德出面協調解決。久而久之，奠定了穆罕默德在麥地那的地位。

兩年後，古銳氏聯合阿拉伯半島其他部落，在白爾德地區和穆罕默德決戰。古銳氏有兩千餘名兵士，穆罕默德只有四百名。

「寡不敵眾！」穆斯林深感勝

算太少，勸穆罕默德：「撤退吧，先知，我們打不過的。」

「他們的武器比我們的新。」

「糧食也比我們充裕。」

「光比人數，我們就輸了。」大家七嘴八舌的都不想打。

穆罕默德看著每張憂心忡忡的臉，心裡也明白要打贏這場戰，真的比登天還難。但是，撤而不戰，士氣將一蹶不振，伊斯蘭教以後也很難繼續在阿拉伯地區立足。

他站在穆斯林面前，站直身軀，大聲鼓舞大家說：「我們只能進不能退！阿拉會庇佑穆斯林！我們要為惟一的阿拉而戰！打一場聖戰＊！」

聽到「為阿拉而戰」，穆斯

放大鏡

＊聖戰　Jihad，出自阿拉伯語詞根 Jahada，另譯為「吉哈得」。為了保衛伊斯蘭教而起的戰爭，專指與異教徒的戰爭，伊斯蘭世界內的戰爭不能稱為聖戰。

林腦海裡馬上浮現當初皈依伊斯蘭教時的情景，以及被迫離鄉背井的心情。穆斯林隱忍在心中的怨氣與怒氣，瞬間爆發，成為一股銳不可當的士氣，決定奮力一戰。

穆斯林將士用命，最後，果然以少勝多，打敗了敵人。

戰爭結束後，穆罕默德將所有戰利品，平均分配給參戰的穆斯林，讓所有人分享利益。他的無私，更團結了穆斯林的向心力。

白爾德戰役的勝利，引起了麥地那猶太教徒的憂心。

當初穆罕默德來到麥地那，猶太教徒以為他是被趕出來的人，不具任何威脅，放心的讓他自由傳教。現在眼見穆罕默德成功的將大沙漠裡游牧民族同甘共苦的精神，延續到遷士和輔士的互助合作，不斷有當地人放棄舊

有信仰，皈依伊斯蘭教，不靠血緣關係，也不使用武力，居然能統合麥地那不同背景的人。

猶太教長老深怕氣勢日盛的穆斯林，會奪去他們的財產和地位，便暗中散布流言，詆毀穆斯林，說他們是好戰之徒。穆罕默德得知情況後，要求穆斯林更要謹言慎行。

猶太教和穆斯林的衝突由暗轉明，越變越烈，雙方不時爆發大大小小的衝突，雖然都解決了，彼此之間的和平意識也相對變得薄弱了。猶太教最後串通了古銳氏和其他阿拉伯部落要除掉穆罕默德。

穆罕默德事先獲得訊息，以離間計挑撥敵人之間的信任，等對方軍心渙散，再以迅雷不及掩耳的速度擊敗敵人。

當年為了逃避古銳氏的追殺，想盡辦法，連夜逃離麥加到

麥地那。經過了許多努力後，才在麥地那落地生根。而今，在麥地那重演當年在麥加的困境。逃離麥加的往事恍如在眼前，如果不得不離開麥地那，他們又能去哪裡呢？每個人都心事重重，為了將來的發展而憂愁。

　　穆罕默德的內心更是充滿了焦慮。

　　自從公開傳教以來，伊斯蘭教就一直處於四面楚歌的情勢中。在麥加，不被古老的傳統和社會所接受。死裡逃生到麥地那後，他費盡心思要與猶太教和基督教兩大宗教的教徒和平相處，卻因為人為的因素而破滅。

　　路，該怎麼走呢？

　　當晚，他在冥修中又接收到阿拉的啟示：改變朝拜方向。

　　第二天，穆罕默德在清真寺內親自主持禮拜，向所有的穆斯林說：「伊斯蘭教已成氣候，穆斯

林的人數也日漸增多，為減少與猶太教徒和基督教徒的嫌隙，穆斯林更要認真工作，不要與任何人發生爭執，以免增加事端。遇有事故，忍耐為先。遷士和輔士之間，要有生命共同體的共識，一方受難，另一方要全力協助。自此以後不再向耶路撒冷朝拜，全部朝聖地麥加卡巴天房的方向禮拜，阿拉是惟一真主！」

12 收復麥加，重返天房

經過多年奔忙，穆罕默德老了，他越來越想念家鄉麥加。離開麥加至今，也有六年了。現在，他要率領穆斯林衣錦歸鄉，回麥加朝聖！

穆罕默德穿著用兩塊沒有縫線的布做成的傳統朝聖白袍，一塊布纏在腰間，一塊布披在肩上。他和信徒們沒有帶任何兵器，啟程前往麥加，重返天房。

消息傳出後，古銳氏族極為慌亂。認為穆罕默德一定是假朝聖之名，行率軍攻打麥加之實，於是派出數百名兵士守在入城要道。

穆罕默德接到消息時，已帶領近千人，駐紮在麥加城外。他對古銳氏的反應不以為怪，為了表示誠意，他特別派人前去傳

話：「我們沒有帶任何兵器，專程前來朝聖，是為和平而來。」

古銳氏族長老們不相信，堅持不讓他們入城。

雙方互派使者傳話，屢屢沒有交集，劍拔弩張的氣氛，讓雙方都很緊張。古銳氏積極防備，深怕穆斯林一入城就攻占麥加。

穆罕默德為取得古銳氏的信任，派出親信奧斯曼當說客，作最後的溝通。

「我們都是阿拉的子民，我們是專程前來朝聖，何必大動干戈呢？」奧斯曼說。

「你們說的都是謊言，不能放你們入城。」古銳氏族長說。

「等朝聖結束，我們馬上走。」

「別說朝聖了，現在你就別想走出這個大門。」

奧斯曼環室一看，每個人都抽出了佩刀。

奧斯曼不氣餒，繼續勸說。

在穆罕默德這邊，奧斯曼去了三天，一直沒傳回消息。他心裡有點不安。

「先知，有人闖入我們的營區。」阿布貝克報告說。

「麥加來的？」

「嗯，人數不少，共有五十人。先知放心，他們都被我們抓起來了。」

這時，阿里匆匆跑入帳內，氣喘吁吁的說：「先知，先知，不好了，奧斯曼他……」

「奧斯曼他遇害了，是不是？」

「先知，你早知道了？我們要為奧斯曼報仇，以眼還眼，以牙還牙！」穆罕默德的女婿阿里*

放大鏡

*阿里　Ali，穆罕默德的堂弟。穆罕默德的女兒法蒂瑪嫁給他，成為穆罕默德的女婿，是第四任的哈里發。「哈里發」是「繼任者」、「代理者」的意思。最初是指接替穆罕默德的阿布貝克而言，後來成為伊斯蘭教的統治者的稱呼。

拔出佩刀，氣憤填膺。

帳篷內，有人主張大舉進攻，有人主張派使者再議。

聽取大家的意見後，穆罕默德最後做了決定：「既然古銳氏誤會我們要攻城，那我們今年就不去了吧！」穆罕默德平靜的說出這句話時，在場的每個人都大驚失色。

回麥加不僅是穆斯林長年來的心願，更是穆罕默德心裡最大的願望。好不容易要回麥加了，怎麼可以被古銳氏嚇走呢？現在的伊斯蘭教，勢力強大，早非以前可比的了，他們不懂，難道先知怕了嗎？

穆罕默德的義子阿德看出眾人情緒難平，首先站出來問說：「先知是不是想打退堂鼓？那我們幾時才可以回麥加？先知。」

「我們再等待適當的時機吧！」

　　沒有得到穆罕默德明確的答覆，眾人氣憤難平，「先知，我們得給古銳氏一點顏色瞧瞧，進攻麥加吧！」

　　「不，不可以，」穆罕默德站起身來說：「不能再添加彼此的誤解了。為了表達善意，阿布貝克，把先前捉到的那五十人放了。」

　　阿里在戰役中向來是衝鋒陷陣，甚為英勇，此時他也忍不住了：「都已經快到麥加了，我們就打進麥加好了！」

　　一部分人聽到阿里這麼說，群情激憤，鼓譟說好。

　　在穆罕默德身旁的大將軍阿布貝克*，隨即站起來，按下阿里的肩膀，勸他不要發火，他

放大鏡
*阿布貝克　Abu Bakr，穆罕默德的好朋友，哈蒂嘉過世後，他的女兒愛依夏嫁給了穆罕默德，穆罕默德臨終時，躺在她懷中去世。穆罕默德過世後，由他擔任第一任哈里發。

說：「魯莽鬧事，加深彼此的仇恨，以後就真的沒有到天房朝聖的機會了。」

每雙眼睛都朝著穆罕默德看，他的臉上看不出一絲絲的激動或憤怒，他緩緩站起身來，語氣和緩的說：「我們是來朝拜的，不是來打仗的。我們這麼多穆斯林來到麥加，古銳氏難免會害怕，不相信我們真的純粹是為了朝拜天房而來。既然彼此不信任，就不急在這時去天房了。」

散會後，穆罕默德與阿布貝克、阿里、阿德及幾位長老，對回麥加的看法再開了一次內部會議。

大家贊同穆罕默德的決定，並派使者，作最後一次的溝通。

派誰去呢？

諸位長老們推薦阿德和阿里。

穆罕默德心裡猶豫，阿德不

夠機警，阿里太莽撞。

哪個人比較合適呢？

穆罕默德的眼光最後落在阿布貝克身上。

幾次征戰，阿布貝克領軍作戰，遇事冷靜不衝動，穆罕默德對他處理事務的態度頗為讚賞。

於是，他派阿布貝克為使者與古銳氏談判。

阿布貝克能言善道，以他熟知穆罕默德的性格以及多次領軍與古銳氏對戰的經驗，能夠確切的表達穆罕默德的心意，也能讓古銳氏明白，回麥加天房朝聖，是穆罕默德和穆斯林不會改變的決定。今年尊重麥加決策者的顧慮，不入麥加城，但是明年穆斯林是一定會回來的。

果然，阿布貝克語氣謙和中帶有強硬態度，古銳氏自知伊斯蘭教今非昔比。穆罕默德帶領上千人駐紮城外，真要攻城，簡直

是輕而易舉的事。

　　經過一整日的斡旋，阿布貝克代表穆罕默德，與古銳氏簽下協議：

　　彼此停戰十年；明年此時，穆斯林到天房朝聖，麥加空城三天；貝都因部落，可自行選擇要與麥加或麥地那結盟；穆罕默德允諾不帶兵器入城，朝聖完畢，馬上離城。

　　眾人得知今年朝聖不成後，情緒起伏很大，有人指責阿布貝克，是否屈服在古銳氏的壓力下？有人問穆罕默德，明明說要朝聖，為什麼在最後一步退讓？

　　穆罕默德不說一句話。他回到帳篷內換上朝聖白袍，走到篷外，他的目光一一橫掃過每個人的臉上。他發現有人生氣，有人哭泣，有人不滿，有人頹喪。

　　他保持一貫的冷靜，說:「到麥加朝聖是不能改變的事實，但是，我有說今年一定要去嗎?」

　　此話一出，眾人臉上出現驚愕的表情。穆罕默德並沒有說謊，他是沒有說今年要去，但是，如果今年不去，那他們為什麼要千里迢迢的來呢?

　　穆罕默德不回應眾人的問題，他面向麥加，五體投地，舉行朝聖之禮。眾人見狀，行禮如儀，呼喊「萬物非主，惟有阿拉」。此舉也暫時減緩了眾人的不平。

　　一年過去，朝覲的日子又到了。

　　古銳氏依照協議，大開麥加城門。

　　穆罕默德率領數萬名穆斯林朝覲卡巴天房。

　　離開麥加七年，見到久別的親人，熟悉的地方，又能到天房

朝聖，穆斯林心中澎湃，長久以來的等待，就是為了這一天啊！

穆罕默德帶領穆斯林，大喊著「萬物非主，惟有阿拉」，以聖石為起點，繞行天房七周＊。

穆罕默德信守諾言，遷士帶領輔士探訪親人舊地，和睦相處宛如一家人。穆斯林之間的感情和對阿拉忠誠的擁護，感動了麥加人，很多人就在這時改信了伊斯蘭教。

＊相傳易卜拉欣（即先知亞伯拉罕）的妻子沒有生下任何孩子，她鼓勵易卜拉欣娶女奴夏甲為妻。不料婚後，夏甲馬上就有了身孕，生下一個男孩（即伊斯瑪儀）後，妻子不久也生了一個男孩。妻子嫉妒易卜拉欣比較疼愛夏甲母子，逼迫丈夫將夏甲母子趕至寸草不生的山谷。易卜拉欣迫於無奈，只好照辦。不久，易卜拉欣留下的糧食和飲水都用完了，夏甲也因沒有進食，奶水也乾了。孩子哭著要喝奶，夏甲急得在山谷裡來回奔跑。跑到第七回時，突然從地底下冒出泉水。夏甲喜出望外，趕緊兩手盛水餵孩子喝下，並徒手在冒出泉水的地方挖了一個凹洞儲水。泉水後來被稱為「滲滲泉」。有了水源，地上長出了樹木，引來游牧人定居，在泉水附近蓋了房子，城市興起，就是後來的「麥加」。為了紀念夏甲母子，以及易卜拉欣父子啟建「天房」，在天房周圍有一個供朝聖者環繞的地方，朝聖者需順著太陽的方向繞行天房七次。因此，可以說阿拉伯人和猶太人，都是易卜拉欣的後代。

　　朝觀完畢，穆罕默德依約出城，回到麥地那。此時，古銳氏內部主戰派，趁穆斯林心防鬆懈，舉兵攻擊麥地那。

　　敵軍來得超乎意外的急，穆斯林措手不及。

　　穆罕默德斥責古銳氏破壞十年不戰的協定，率領上萬名兵士迎戰，兵分三路，力戰古銳氏軍隊。

　　穆斯林將士，氣勢如虹，古銳氏陣腳大亂，穆斯林趁勝追擊。

　　夜晚，穆罕默德利用心理戰，在前線點燃起上萬把火炬，穆斯林發出熊熊怒吼:「萬物非主，惟有真主。穆罕默德，是主使者」。

　　古銳氏面對陣容龐大的穆斯林，心中產生恐懼，軍心渙散，軍隊首領紛紛逃離駐紮地。天亮後，所剩無幾的古銳氏軍隊，棄

械投降。

穆罕默德來到天房，繞行七周後，以手杖輕觸聖石，叫人打開天房大門。

天房內擠滿麥加的居民，每個人臉上滿布恐懼的表情。

「你們都走吧！」穆罕默德手杖一揮，穆斯林讓出通道，化解了彼此間的仇恨。

穆斯林軍隊以不流血的戰爭，收復麥加，重回天房。穆罕默德命令穆斯林清除天房內所擺設的各類偶像，只保留了聖石作為伊斯蘭教的聖物。

穆罕默德指派親信阿塔布為總督，總管麥加。他信守當初誓言，回到麥地那，與其禍福與共。

13 辭拜麥加，
完成先知使命

多年來南征北戰，奔波煩勞，穆罕默德又老又累了，健康狀況一日不如一日。雪上加霜的是，小女兒蕾娜過世、與妻子間不斷的爭吵、阿里在戰爭中喪生，一連串的打擊，使得穆罕默德的身體更加虛弱了。

終其一生，就只有女兒法蒂瑪和女婿阿里延續了穆罕默德家的血脈，他很疼愛他們的兩個兒子。即使體力已大不如昔，有時還做馬讓外孫騎。

而伴隨穆斯林的繁榮和權勢而來的道德淪落問題；伊斯蘭教該如何走下去？如何讓全世界的人信仰阿拉？樣樣都讓他憂心忡忡。

穆罕默德躺在床上，往事歷歷，如在眼前。他自知生命已經

一步步走到盡頭了。人生真如阿拉所說的，是一趟旅行，總是有到終點的時候。

他決定趁還有點體力時去麥加辭拜阿拉。

傳統朝聖的十二月，他最後一次率眾朝覲麥加＊，他繞行天房，直呼：「阿拉真主，我要來服侍您了。阿拉真主，我要來服侍您了。」

稍後，穆斯林隨穆罕默德往阿拉法特＊的清真寺，聽他發表「辭拜布告」。

穆罕默德說：「阿拉的信徒，我的弟兄，親愛的穆斯林，世間的一切，都是為人類服務。你們有沒有想過，阿拉創造天地，從雲中降下雨水，雨水滋潤大地，

放大鏡 ＊這次是穆罕默德最後一次在天房朝覲，伊斯蘭教史上稱為「辭朝」。
＊阿拉法特　Arafat，相傳為穆罕默德辭別演說的地方。

生產各種果實，作為你們的給養。為你們制服日月，為你們制服晝夜，使其運行，使你們成為大地的代理者。你們應該感謝阿拉的賜予，阿拉以阿拉伯語降下經書，讓穆斯林成為有經書的子民，每個穆斯林是每個穆斯林的兄弟。穆斯林社區是一體，要公平對待彼此，盡可能體貼女性，照顧孤貧，對以往征戰中所留下來的餘恨，都要一筆勾消。」

回到麥地那後，穆罕默德的身體愈加虛弱，常常喊頭痛，他自知來日無多，聲音微弱的對女兒愛依夏說：「快去把大家叫來。」

愛依夏了解穆罕默德向來處事冷靜，他如此迫切，一定是有重要的事情交代。

每個人憂心的看著穆罕默德。當年從麥加遷徙到麥地那，面臨了被唾棄、追殺、責難等種種困苦，他不畏難，不懼苦，以

堅毅的精神———克服。現在，他瘦了，老了，生命的燭火即將熄滅了。

穆罕默德的眼睛掠過每個人的臉。為了追求一份真理和改善人民生活的認知，他奉獻自己所有給信仰的宗教，如今，伊斯蘭教已成為阿拉伯半島上的主要宗教，阿拉伯人的先祖易卜拉欣和伊斯瑪儀父子所建立的天房——卡巴天房，成為穆斯林朝觀的聖殿。他已完成了阿拉交付給他的先知使命。

他嘆口長氣說：「阿拉說，人生就像旅行，旅途中暫時在樹蔭下乘涼，但轉眼間就會離去。我已經到了要離去的時候了。我只是一介凡夫，是人類中的一分子，和你們都沒有差別。在阿拉面前，所有的人都是平等的。我歸真後，切莫像神祇一樣膜拜我，惟有真主才值得崇拜。凡是

《古蘭經》許可的，就是我許可的，凡是《古蘭經》禁止的，就是我禁止的。你們要謹守五功＊，我們身為上主的使者，並不繼承任何財物，而我們所留下的也只作為施贈。我肉身雖不在，精神永遠與你們同在。」

632 年 6 月 8 日，穆罕默德在信徒與親人的看護下，平靜的離開了人間。

伊斯蘭教以後的發展，已不是他所能控制的了。

放大鏡

＊五功　是穆斯林必須實踐的五項基本功課，也是伊斯蘭教的基本信仰：

(1) 唸功 (Shahadah)：反覆唱誦「萬物非主，惟有阿拉才是真主」。

(2) 拜功 (Salat)：每天必須朝向麥加禮拜五次。

(3) 課功 (Zakat)：伊斯蘭教教徒按自己財產的比例，資助孤兒、貧民、行旅、有求於己的人。始於 630 年，伊斯蘭軍攻入麥加，教團要求新加入伊斯蘭教的阿拉伯人，必須捐獻個人財產中的一定數量。

(4) 齋功 (Sawm)：在伊斯蘭曆的九月裡，連續一整個月，每天從日出到日落，成年人都不進食。

(5) 朝功：(Hajj) 朝覲麥加天房。經濟許可、身體健康的穆斯林一生中至少要去麥加朝覲一次。

穆罕默德

小檔案

570 年	誕生於麥加。
575 年	五歲時，離開游牧家庭，回到母親身邊。
576 年	母親病逝。兩年後，祖父去世。
582 年	十二歲時跟隨伯父到敘利亞經商。
590 年	以二十頭駱駝為聘禮，娶哈蒂嘉為妻。
605 年	以智慧平息聖石復位的紛爭。
610 年	接受天啟，傳布阿拉教義。
614 年	決定公開傳教，定教名為伊斯蘭教，信徒稱為穆斯林。主張打破貧富不均，揚棄多神崇拜，阿拉是惟一的神。

622 年	分散古銳氏的注意，穆罕默德故意四處傳教。兩百餘名穆斯林及其家屬，連夜遷徙至麥地那。7 月 16 日穆罕默德抵達麥地那。
630 年	收復麥加，清除天房內所擺設的各類偶像，只保留了聖石作為伊斯蘭教的聖物。
632 年	在信徒與親人的看護下，平靜的離開了人間。

獻給孩子們的禮物

「世紀人物100」

訴說一百位中外人物的故事

是三民書局獻給孩子們最好的禮物！

◆ 不刻意美化、神化傳主，使「世紀人物」更易於親近。

◆ 嚴謹考證史實，傳遞最正確的資訊。

◆ 文字親切活潑，貼近孩子們的語言。

◆ 突破傳統的創作角度切入，讓孩子們認識不一樣的「世紀人物」。

兒童文學叢書
童話小天地

童話的迷人，
正是在那可以幻想也可以真實的無限空間，
從閱讀中也為心靈加上了翅膀，可以海闊天空遨遊。
這一套童話的作者不僅對兒童文學學有專精，
更關心下一代的教育，
出版與寫作的共同理想都是為了孩子，
希望能讓孩子們在愉快中學習，
在自由自在中發展出內在的潛力。

―― 簡宛（名作家暨「兒童文學叢書」主編）

丁疙瘩	奇奇的磁鐵鞋	九重葛笑了	智慧市的糊塗市民
屋頂上的祕密	石頭不見了	奇妙的紫貝殼	銀毛與斑斑
小黑兔	大野狼阿公	大海的呼喚	土撥鼠的春天
「灰姑娘」鞋店	無賴變王子	愛咪與愛米麗	細胞歷險記

三民網路書店
www.sanmin.com.tw

書種最齊全・服務最迅速

現在加入網路書店會員
憑通關密碼： B2355
首次購書即可享15%
紅利積金

好康多多～
1. 滿$350便利超商取書免運費
2. 平時購書享3%~6%紅利積金
3. 隨時通知新書及優惠訊息

國家圖書館出版品預行編目資料

最後的先知：穆罕默德／李笠著;李詩鵬繪.－－初版
二刷.－－臺北市：三民，2009
面；　公分.－－(兒童文學叢書／世紀人物100)

ISBN 978－957－14－4551－9　(平裝)

1.穆罕默德(Mohammed, 570－632)－傳記－通俗作品

259.1　　　　　　　　　　　　　　　95025557

ⓒ 最後的先知：穆罕默德

著 作 人	李 笠
主 　 編	簡 宛
繪 　 者	李詩鵬
責任編輯	李玉霜
美術設計	陳健茹
發 行 人	劉振強
著作財產權人	三民書局股份有限公司
發 行 所	三民書局股份有限公司
	地址　臺北市復興北路386號
	電話　(02)25006600
	郵撥帳號　0009998－5
門 市 部	(復北店) 臺北市復興北路386號
	(重南店) 臺北市重慶南路一段61號
出版日期	初版一刷　2007年1月
	初版二刷　2009年3月
編 　 號	S 781860

行政院新聞局登記證局版臺業字第○二○○號

有著作權‧不准侵害

ISBN　978－957－14－4551－9　(平裝)

http://www.sanmin.com.tw　三民網路書店

※本書如有缺頁、破損或裝訂錯誤，請寄回本公司更換。